指文® 战争艺术 / 008

战略

拜占庭时代的战术、战法和将道

［拜占庭］莫里斯一世 著

王子午 译

台海出版社

图书在版编目（CIP）数据

战略 /（拜占庭）莫里斯一世著；王子午译 . -- 北京：台海出版社，2019.2
ISBN 978-7-5168-2247-0

Ⅰ.①战… Ⅱ.①莫… ②王… Ⅲ.①军事战略 Ⅳ.①E81

中国版本图书馆 CIP 数据核字 (2019) 第 029421 号

战略：拜占庭时代的战术、战法和将道

著　　者：［拜占庭］莫里斯一世		译　　者：王子午

责任编辑：俞滟荣	策划制作：指文文化
视觉设计：杨静思	责任印制：蔡　旭

出版发行：台海出版社
地　　址：北京市东城区景山东街 20 号　　　　邮政编码：100009
电　　话：010 - 64041652（发行，邮购）
传　　真：010 - 84045799（总编室）
网　　址：www.taimeng.org.cn/thcbs/default.htm
E - mail：thcbs@126.com

经　　销：全国各地新华书店
印　　刷：重庆长虹印务有限公司
本书如有破损、缺页、装订错误，请与本社联系调换

开　　本：787mm×1092mm	1/16
字　　数：208 千	印　　张：13
版　　次：2019 年 3 月第 1 版	印　　次：2019 年 3 月第 1 次印刷
书　　号：ISBN 978-7-5168-2247-0	

定　　价：79.80 元

目 录
CONTENTS

译序

东罗马帝国的战争艺术，无论在国内还是在西方，都曾在很长一段时间内被学者们所忽视。不仅如此，由于西欧各国学者对罗马人抱有成见，不少人甚至在其论著中对东罗马在军事方面的成就多有贬低。如著名的英国史学巨匠爱德华·吉本便曾在其传世著作《罗马帝国衰亡史》中写道："拜占庭人继承下了太多缺点，他们之所以能够获得一些胜利，也不过是偶然的好运而已。"

可诚如《中世纪战争艺术史》的作者查尔斯·欧曼爵士所言，吉本的看法与事实相去甚远。对东罗马人而言，胜利远比失败更加平常。20世纪最伟大的军事理论家约翰·富勒也认为：罗马人在军事理论上的成就，西欧人直到18世纪都无法与之比肩；而由两位皇帝——莫里斯一世和利奥六世分别所著的《战略》《战术》两书，便是东罗马军事理论发展史上的高峰。译者最初听闻这两部著作，正是源于约翰·富勒所著《西洋世界军事史》，后来在翻译《中世纪战争艺术史》一书时，更因欧曼爵士精妙的笔触，而开始对拜占庭时代的罗马军队产生浓厚兴趣，遂决心将莫里斯所著的《战略》译成中文。

与中世纪同时代其他国家那些不守纪律、有勇无谋、作战只凭好勇斗狠的军队相比，虽然罗马帝国的心脏地带已从意大利转移到了希腊和小亚细亚，国家的领袖从元老院、执政官变成元首、皇帝，但罗马人却将先祖们对于纪律、战术、战略的重视继承了下来。此时的罗马军队虽然已经与大部分读者印象中由重步兵组成的强大军团完全不同，但从6世纪直至11世纪曼奇克特会战惨败之前的数百年时间里，由重骑兵和马弓手组成的庞大罗马骑兵军，仍然是世界上最强大的军队之一。他们也许不如西欧的骑士那样英勇无比，冲锋起来势不可当，也不如突厥马弓手那样来去如风，让对手捉摸不定。但罗马人却能在冲击力、弓箭火力及机动性方面抓住平衡，再加上自己更胜一筹的纪律、不输他人的勇气和高超的战争艺术，在面对任何敌人时都能够从容不迫地采取相应战术，最终击败对方。

若要对这样一支虽强大，但却颇受国内读者忽视的军队进行深入研究，在本人看来，最为简捷且直接的办法便是阅读由东罗马人自己写下的军事著作。关于《战略》的写作时间，学界历来存有争议，但无论是约翰·富勒，还是《中世纪战争艺术史》的作者查尔斯·欧曼，都认为本书应是在莫里斯登上皇位前的579年完成的，此时莫里斯正受皇帝提比略二世之命改组罗马军队。在《战略》之后，无论是利奥六世在900年写作的《战术》，还是尼西弗鲁斯·福卡斯等人所著的其他军事著作，都参考了《战略》。而《战术》甚至可以被看作只是《战略》的增补更新版。我们可以毫不夸张地说，正是这一部《战略》，奠定了拜占庭时代罗马军队领先于其他民族的组织结构和战术体系，为罗马帝国继续屹立将近千年时间，在战争艺术层面上打下了坚实基础。

莫里斯在写作《战略》时，是希望为那些在前线担任指挥官职务，但又缺乏经验的指挥官提供一部指导手册。由于罗马宫廷的政治原因，无论是名将贝利撒留，还是莫里斯，都曾在尚无什么实际的大军指挥经验时即被任命为东部前线总指挥官。这两位优秀统帅天资过人，其主导的战事自然能够取得喜人的结果，像《战略》这样的手册也不会有太大作用，但倘若是由某些平庸之辈担任某方面的统帅或野战军的司令，那么这样一本手册就显得极为有益。而这本手册，对于我们这些后世的研究者来说，也成为了解6世纪末期至7世纪前期罗马军队面貌的最佳途径。

不过由于莫里斯在写作《战略》时似乎十分匆忙，故全书结构十分繁杂混乱。在某些章节中，他能完整而详尽地将某一课题的全部要点一一阐述清楚，而另一些章节又十分简陋，看起来仿佛他只是随手将自己的经验一条一条地记录下来。本书最后关于步兵战术的第十二章，也很明显是在前十一章完成一段时间后才加上去的。另外，由于当时罗马官方语言正处在由拉丁语向希腊语转换的时期，同时军队又尚未彻底摆脱蛮族兵源的影响，在这部由中古希腊语撰写而成的手册中，还出现了大量拉丁语，甚至日耳曼语的词汇和口令。它们中的某些名词在含义上与书中出现的另一些希腊语词汇十分相近，给译者造成了不小的挑战和困难。本人也仅能凭借自己的语言和军事知识，尽可能准确地译出这些词汇和语句，因此在这一部中文版中，难免也会存在一些错误之处，还望学识丰富的读者能够给予指正。

与所有古籍一样，《战略》一书中也存在不少的笔误甚至前后矛盾之处。而作为一本发放给专业军官的手册，书中也存在不少需要详细解释的要点，对此，本人将一如既往地以增加译注的方式来对要点加以说明。同时，由于原书中用来说明阵型的图示因古代条件限制，其形状和格式都比较模糊和怪异，并不能完全代表实际阵型情况，本人也因此自行绘制了一些示意图，其中一部分对原书中特别难以理解或无法明确代表实际情况的图示进行补充说明，另一部分则用来说明一些原书中仅用文字加以阐述，但仅凭抽象描写难以让读者清晰理解的队列或战术机动。另外，为方便读者理解《战略》一书的时代背景，本人还在正文以外增加了一个序章，并将其分为两个部分，分别对罗马军队的演变历史以及莫里斯本人对罗马军队所进行的改组进行简要介绍。希望能以本人浅薄的学识，为读者理解《战略》，理解东罗马战争艺术提供帮助。

最后必须提及的是，本书的希腊语书名"Strategikon"同时具有"战略"（Strategy）和"将道"（Generalship）两层含义。若是追根究底，"战略"一词在希腊语中原本就是"将军的艺术"，即"将道"之意。从本书旨在指导将军们如何指挥军队的立意和内容来看，本应以"将道"或"将略"作为其中文译名。但国内著作中通常将该书译为《战略》或《战略学》《战略论》，以对应利奥六世的《战术》（*Taktika*）。因此对于这部中文版，本人选择沿用《战略》这一书名。考虑到希腊语中"战略"与"将道"为同义词的情况，这种译法似乎也无伤大雅。

完成这篇译序的时间，恰逢译者流连于君士坦丁堡的旅途中，这篇译序也正是写于狄奥多西城墙的遗址之上。只希望读者能够借这一部《战略》，对拜占庭时代的罗马军队有所了解。而对于这一套由本人提议而策划的"战争艺术"丛书，若有任何一位读者，能因为由我译出或撰写的这些作品而对战争艺术产生兴趣，愿意进一步了解这门世界上极其重要，但又极其容易被忽视和误解的技艺，那么本人便可算是得偿所愿了。

王子午

2018年6月16日于君士坦丁堡

莫里斯时代的罗马军队

　　一提起罗马军队，人们首先想到的无疑便是由重步兵组成的罗马军团。这些步兵身着全副铠甲，左手持矩形或椭圆形的大盾，携带两支重标枪（Pilum），排成著名的三线队形，接敌时首先投掷标枪，然后拔出短剑与敌军进行白刃搏斗。作为古典时代最为卓越的步兵战术和最为精锐的重步兵部队，自公元前3世纪第二次布匿战争结束后直到3世纪危机到来前这长达四百余年的时间里，除少数几次例外，整个地中海世界几乎没有任何力量能够与罗马军团的重步兵们匹敌。

　　不过这一切，都随着长时间的和平、富足，以及3世纪危机中接踵而至的内战、经济衰退、蛮族入侵而发生了翻天覆地的变化。帝国越来越多地雇佣蛮族来守卫边境，步兵也因为士兵素质下降而将主力地位让位于骑兵，这一改变的高潮在378年的阿德里亚堡会战（The Battle of Adrianople）后达到顶峰，并最终使罗马军队在5世纪至6世纪演变成一支近乎纯粹由蛮族盟军和将领家兵组成的骑兵部队。他们各自效忠于不同的领袖，使用着不同的战术，虽然为保卫罗马帝国立下了不少功劳，但同样也在不断挑战皇帝的权威和宝座，甚至控制并推翻了西部朝廷。而彻底终结这些威胁的，则是从提比略二世在位时期开始负责对罗马军队进行改革的莫里斯，而《战略》也正是作为这次改革的一部指导手册而成书。

　　在我们看来，若想要完全理解莫里斯在《战略》一书中所展现出的全部军事思想及其目的，就不得不对罗马军队自军团时代起直至莫里斯改革之前的发展、演变、衰落和重组进行简要的介绍。与大部分学者以3世纪危机作为介绍东罗马军队演化历程的起点不同，在我们看来，罗马军队在3至4世纪的衰落，早在公元前107年的马略改革起便已埋下了种子，而直到6世纪至7世纪才以由莫里斯开始、由希拉克略（Heraclius）完成的改革为其彻底画上句号。因此我们也有必要在阅读莫里斯的著作前，对这八百年时间里罗马军队的演变加以简述，以便让那些对罗马战争艺术历史并不十分了解的读者们，能够获得足够的背景知识，方便他们理解《战略》一书中的内容。

一、从马略改革到查士丁尼时代的罗马军队

罗马军队的历史，最早可以追溯到公元前8世纪的国王时代，当时罗马尚处于国王统治时期。此时整个罗马不过是一个城邦，而"军团"（Legion）一词的含义也代表着整个军队。从此时直到公元前107年的马略改革为止，能够加入军团成为一名军团步兵（Legionary）在罗马法律中是一种特权和义务，因此除第二次布匿战争等特殊时期以外，只有财产达到一定水平的公民才能加入军队。那些没有罗马公民权的盟邦军队，则组成所谓的辅助部队（Auxilia）伴随罗马人一同作战。

在公元前315年以前，很可能是在意大利的希腊殖民地影响下，罗马人使用的战术与希腊人相同，均为纵深为八排的多里亚方阵（Dorian Phalanx），但意大利多山的地形并不适合方阵行动，导致军团多次被击败，甚至连罗马城也曾因此被攻陷，进而促使罗马改用了著名的三线战术。在这种体系中，按照法定义务服役的士兵依年龄分为散兵（Velite）、青年兵（Hastati）、主力兵（Principe）和三线兵（Triarii），在一个军团中，四个兵种各编成十个中队（Maniple），散兵、青年兵和主力兵每个中队为一百二十人，三线兵中队则为六十人，另外还要再加上三百名骑兵。青年兵和主力兵装备相同，使用矩形大盾、投枪、短剑作为武器，身穿锁甲或者皮革、亚麻胸甲，在战场上以相对宽松的队形作战。三线兵作为经验最丰富、最精锐的预备队，依然采用方阵步兵的装备，使用长矛作为武器。散兵作为轻步兵，不穿盔甲，仅以轻盾护身，并使用标枪在重步兵前方先行攻击敌军，之后便会撤退到后方。

除三线兵仍然作为方阵步兵以密集队形参战以外，青年兵和主力兵在接战时都会使用相对于方阵而言更为宽松的队形，其目的在于发挥士兵们的个人武

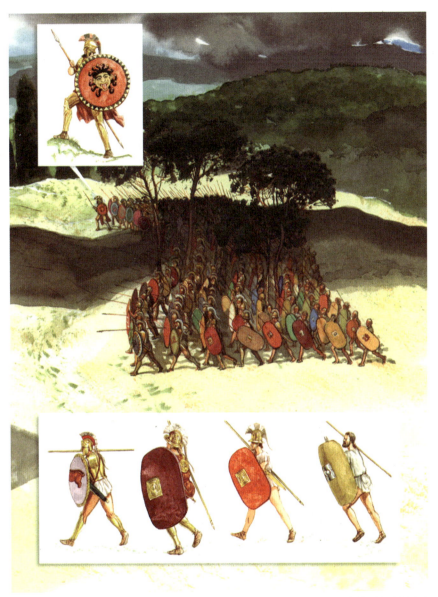

◎ 在公元前315年之前，罗马军团使用着和希腊人一样的方阵战术，但意大利崎岖的地形并不适合方阵行动

勇，而不像方阵那样将所有力量都寄托于全军协调一致的单独一次冲击。罗马军团步兵们每人占据五尺见方的空间（方阵步兵为三尺），以方便他们投掷标枪、挥舞短剑。在接近敌军时，他们会首先投掷自己携带的重标枪，之后再拔出短剑冲上前去与敌军短兵相接。诚如《罗马史》作者特奥多里·蒙森所言："罗马人将重标枪与短剑配合使用，其所产生的作用与近代战争中使用火枪与刺刀是极相近似的。标枪的投掷用来为刀剑的肉搏战做准备，正好像先发射一排火枪，再用刺刀冲锋一样。"关于这一点我们之所以花费笔墨引用蒙森的著作，原因在于即使到了莫里斯的时代，罗马重骑兵依然保留着既能使用弓箭发射火力，又可以利用骑枪发动冲锋的双重效用。

作战时，三条战线以棋盘格阵型列成，战线中各中队之间都会留出一条相当于一个中队宽度的空当，而后排的各中队便面对着这个空当布置。最初按照规定，青年兵被固定为第一线部队，后来，青年兵和主力兵二者谁居于第一线通常依指挥官的判断而定。但无论如何，当首先接敌的第一线士兵感到疲惫或敌军发生混乱后，第二线部队要么接替第一线部队继续作战，要么对敌军施以决定性打击。三线兵则作为最后的预备队，只在前两线无法支撑时才会参战。

罗马军团使用的三线战术，可以说是战争艺术历史上第一个对于预备队给予足够重视的固定战术。这种战术给罗马军队带来了其他重步兵无法比拟的灵活性，而较为宽松的队形也使他们能在几乎任何地形上作战，而不像方阵那样一旦脱离平整地面便无所适从。这些优势使其足以压倒包括希腊方阵步兵在内的一切对手。而这种重视预备队的思想，直到莫里斯在《战略》中为重骑兵们所规划的双线战术中，也仍然一脉相承。我们甚至可以说，《战略》中所记载的骑兵战术，不过是重步兵的三线战术在重骑兵身上得到复活。

◎ 军团时代早期的三线兵（左）和主力兵（右），可见其中的三线兵仍然在使用长矛作战，而他们在战场上也担负着方阵步兵的责任。主力兵以及与他们装备相同的青年兵则成为使用重标枪和短剑的新式重步兵

在此有必要提及，关于这种三线战术，20世纪最杰出的军事理论家、战史学家，英国陆军少将约翰·富勒曾在其著作《恺撒：男人、士兵和僭主》（*Julius Caesar: Man, Soldier, and Tyrant*）一书中提出疑问，对第一线各单位间是否真的会留出那么大的空当表示怀疑。毕竟，若第一线留有总长相当于整个战线一半宽度的空当，士兵们无论如何精锐，也还是无法组成一条足够坚固的战线以在白刃战中压倒对手。因此在他看来，军团的三条战线在进入战场时，会以每人占据三尺见方空间的密集队形排列为棋盘格队形。第一线在散兵从空当退到后方而自己又尚未与敌军接战时，展开成疏开队形，通过放宽行列来增加每个中队的正面宽度，填满空当组成一道完整的正面，并以这种队形与对方接战。第二线和第三线部队则会在其后方继续保持密集队形，各单位之间留有相当于一个中队宽度的空当，以方便第一线在失利的情况下向后撤退寻求掩护。

关于这一点，译者也感到十分怀疑。对于罗马军团的敌人来讲，他们完全可以利用这些空当来打击第一线各单位的侧面，无论罗马士兵如何擅长单打独斗，一个中队也不可能在正面承受重压的同时去应对侧面的威胁，除非第二线部队在第一线与敌军接战后立刻便对那些穿过空当的敌军发动进攻，否则第一线便很难支撑下去。倘若如此，第二线作为预备队的意义便又完全不存在了。另外，以方阵密集队形战斗的三线兵，各中队的正面宽度在棋盘格阵型中却与青年兵、主力兵相同，也足以印证后二者在与敌军接战之前也同样采用着密集队形，战斗前必须先将队形疏开。因而在译者看来，富勒的观点不无道

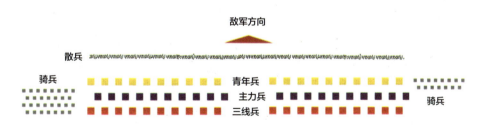

◎ 由两个军团组成的一个三线阵型示意图。在双方互相接近，即将接战之时，除散兵以外的第一线各单位会放宽行列，填满空当组成一条连续的正面。值得注意的是，这一阵型示意图仅适用于会战刚刚开始时的情况

理。而我们之所以要在此处提及这一点，是因为读者们在阅读后文时便会发现，莫里斯在描述骑兵双线队形中第一线为连续的完整正面，第二线留有空当供第一线撤退之用时，几乎与富勒上述关于军团步兵的假设完全相同。

公元前107年，罗马军队身上发生了可说是在整个罗马超过两千年历史中最为重要的一次变化。那时，由于长期征战导致很多土地无人照料，随之而来的土地兼并使越来越多的罗马中产阶级公民失去了土地、财产以及相应的参军资格。与此同时，战争规模愈发广泛，但罗马上下却根本没有那么多能够合法服役的兵员。盖乌斯·马略对征兵体制进行了彻底的改革，他取消了对士兵财产的要求，规定全体罗马公民只要符合年龄条件便可参军服役，原先由士兵自行负担的装备改由国家提供，同时他也取消了青年兵、主力兵、三线兵的区分，所有士兵都采用了与主力兵相同的装备，基础战术单位则从三十个中队改为十个大队。与此同时，士兵只要入伍，就必须始终留在军队中，而不能再像先前一样在和平时期回家务农或经商。简言之，马略用兵农分离的职业雇佣兵，代替了原先兵农合一的公民义务兵。

◎ 马略改革后的罗马军团步兵。*此时全体军团步兵都已改换为同样的装备，而且军队的性质也从义务兵演变成职业的雇佣军*

从一方面讲，这次改革暂时解决了罗马军队兵源不足的问题，而且由于士兵们的职业化，也使他们的战斗力得到了大幅提升。其直接结果便是，自马略改革至3世纪危机爆发前，除少数例外，罗马军队几乎战无不胜，罗马的疆域也随之成倍增加。但与此同时，这次改革却带来几乎同样深远的负面影响。

改革前，士兵们依赖于自己的土地和财产生活，战争对于他们而言并非牟利、发财的手段，而只是获得荣誉、在民事政府中谋求晋升以及保家卫国的途径。对他们而言，服役期间所获得的军饷和补助，只不过是对于他们在战争时期无法务农、经商而提供的津贴和补偿。但从马略改革开始，对于那些没有土地和财产的职业士兵们而言，发财的唯一手段便只剩下战争，而军饷则成为供养他们进行战争的必要前提。换言之，士兵们效忠的对象，与军饷和战利品的来源画上了等号。爱国心、保护自己田产的愿望已不再像原先那么重要，谁能用金币塞满士兵们的钱包，军队便能任听其调遣。到后来，元老院为节省资金，更是允许将军们自掏腰包组建军团，这也使罗马的军团从国家军队，逐渐变成一支效力于将军个人的半私有化军队。

随马略改革而来的，便是绵延近百年的内战，无论克拉苏、庞培还是恺撒，都凭借庞大的私产及大批战利品来维持手下军团的忠诚，进而以武力获得国家最高权力。即使屋大维·奥古斯都在公元前27年建立元首制帝国，取消私兵制度，也仅能维持不到一百年的内部和平。一旦皇帝本人的权势稍有衰颓，便立刻会有人以高价买得军队的效忠，对皇位发起挑战。这一点不仅在帝国境内导致了绵延不断的内战，甚至到了6世纪查士丁尼一世计划重新光复帝国西部之时，仍然还会在将军和皇帝间造成间隙，处处拖缓战争进程。直到莫里斯改组之后，希拉克略才以其建立的总督区为基础，推行新的军区制改革，为士兵们分配土地，重新采用兵农结合的义务兵，取消了七百余年前马略改革的职业兵制度。

自奥古斯都时代起，罗马军团始终作为帝国的边防军驻扎在莱茵河、多瑙河等天然疆界后方。各军团间相隔远达数十甚至数百公里，二者之间仅拥有少数前哨部队，而在边防军团的背后，则更是除驻扎在罗马城的禁卫军以外便再无任何军队。帝国全盛时期，虽然曾有图拉真（Trajan）皇帝进行过大规模的攻势战争，但其余大部分皇帝所进行的战役却都是防御性的。攻势精神的丧失，给罗马军队造成的影响要比任何物质方面的影响都更大。它导致公民们失去了依靠抢劫外族土地来发财的机会，使罗马人变得越来越不愿当兵，蛮族则逐渐进入到军队之中。而且在超过一千年的时间里，除少数例外，罗马军队所进行的均是防御性作战，其战略目标仅限于修补由天然疆界所划定的防线，即使拥有发动大规模进攻的机会，也往往不会采取任何行动。甚至在579年的《战略》和900年的《战术》两部著作中，莫里斯和利奥六世两位皇帝依然很少提及任何攻势行动，即使偶有着墨，他们笔下的进攻行动也不过是限于抢劫、突袭或牵制行动。

在3世纪危机到来前，由于欧洲的野蛮人尚未成长为够格的对手，东方的帕提亚人（Parthian）、后来的萨珊波斯人（Sassanian Persian）也慑于帝国的强大实力不敢与之为敌，这一道由重步兵组成的边墙，尚且能够保障罗马的安全。哪怕偶尔有某些边境地区被蛮族突破，来自其他地区的边防军团也总是能安全地从自己所在防线上调拨过来，阻止野蛮人长驱直入。

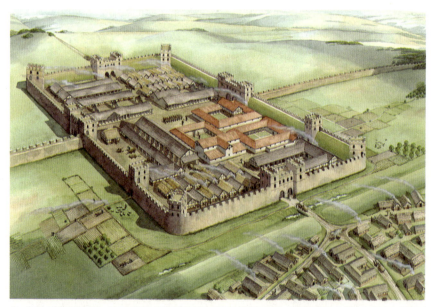

◎ 自奥古斯都时代起，罗马军团大部分时光都会在图中这样的永久性设防要塞或营地中度过。从此时起，罗马军队逐渐沦为帝国的边防部队，部队士气也因为攻击精神的丧失而逐渐下降

◎ 一幅表现波斯人俘获瓦勒良皇帝的浮雕

　　但在3世纪危机期间，帝国内部再一次陷入了长达数十年的内战，短短五十年间便有二十七位将军先后称帝。而当边境上的军团纷纷被将军们"买走"参加内战后，日耳曼人（German）、哥特人（Goth）便纷纷涌入帝国境内。在251年的阿伯里图斯会战（The Battle of Abritus）中，德基乌斯（Decius）皇帝甚至战死在了哥特人手下。自从公元前216年坎尼会战（The Battle of Cannae）以来，罗马人从不曾遭遇如此惨败。在258年至259年波斯人进攻美索不达米亚（Mesopotamia）时，瓦勒良（Valerian）皇帝又被生擒。直到284年，终于才由戴克里先（Diocletian）平息内战，击退大部分外敌，重新将帝国统一起来。

　　虽然戴克里先治下的罗马帝国实力已经大不如前，但他立刻开始改变军队的编制。他认清了此时罗马军队面临的两个问题：一是此时帝国必须面对着四条可能同时开战的前线——东方的波斯帝国，以及多瑙河（Danube）上游、多瑙河下游、莱茵河（Rhine）方向的蛮族部落；二是边防军团背后缺乏一支战略预备队，当漫长边境线某一点遭到重压时，便无法为其提供支援。为解决这两个问题，戴克里先在293年创立了所谓"四帝共治"（Tetrarchy）制度，即在帝国东、西各设置两名奥古斯都（皇帝）和两名恺撒（副皇帝），各自负责一个防区，而他本人则是四人中地位最高的一位。另外，在边防体系上，戴克里先将原先的军团拆散为大队级别的小型单位，分别交给一些"公爵"来指挥，由这些公爵率领着构成帝国的第一道防线，即边防军（Limitanei）。与原先行省长官同时掌管军民事务不同，公爵只负责指挥边防军队，各地民政事务由单独的民事主官负责。同时，他还组建了十一个机动野战军（Comitatenses），六个位于帝国西部，五个位于东部。这些野战军规模相对较小，为快速调动起见，成员也多为骑兵和轻装步兵，其无论兵员还是装备都更为精锐，驻扎于帝国内部的省份，由皇帝们亲自指挥。野战军既可以随时准备对边境的危险地区进行支援，同时也可以监视位于边境的公爵们，防止他们发生叛乱。

说来有趣的是，像罗马这样一个很早便认清战术预备队在会战中的巨大价值的国家，却在奥古斯都建立边防体系三百年后才认清战略预备队的价值。戴克里先在位期间，这套体系转运得十分顺利，皇帝们不断击败波斯人、日耳曼人和各地的小规模叛乱。似乎到此时，戴克里先已经恢复了昔日罗马军队战无不胜的实力和荣耀。但在戴克里先表面上光鲜的大幕下，事实上所掩盖着的，却不过是大量的蚁穴，四帝共治的体系在其死后不久便引发了内战。缺乏稳定的皇帝继承制度，自始至终都是罗马帝制体系中的死穴。

另一方面，早在康茂德（Commodus）刚刚继位的180年，这位皇帝便曾允许部分日耳曼人在罗马境内定居，代价则是要负责守卫他们所在地区的边境。自3世纪危机开始以来，皇位竞争者们更从罗马境外征召了大批的日耳曼人、亚美尼亚人（Armenian）、摩尔人（Moor），甚至是叛变而来的波斯人加入军队。之后的两个世纪中，这些蛮族士兵在罗马军队中所占的比例越来越大。最初这些蛮族士兵们还只是被分散开来用于补充军团的缺额，但从5世纪初开始，他们便改为以蛮盟（Foederati）的名义在其原有酋长领导下，维持其原有编制和战术，整支地被招募到罗马军队中。

◎ 现存于威尼斯圣马可教堂的四帝共治雕像。虽然在雕像中四位皇帝亲密无间，共同维系着罗马帝国的安全，但实际上在该制度的创立者戴克里先死后，罗马很快便陷入皇帝之间的内战中

◎ 3世纪的罗马军团步兵，与帝国初期的精兵相比，其身上已经出现了明显的蛮族化痕迹

◎ 晚期的罗马军团步兵，此时他们几乎已经彻底成为方阵步兵

在蛮族部队地位愈发提高的同时，原有的军团步兵却无论在地位还是在素质上都大幅度下降。为了让逐渐颓废的士兵们在战场上保持勇气，重步兵不得不以越来越密集的队形投入战斗，而且他们也无法再像原先那样，通过疏开队形来将战线上的空当填满。因此只能取消各大队间的空当，让他们始终保持着三条完整的战线。可随着这一空当的消失，三线战术本身也失去了自己的价值，这种战术对于阵型最基本的要求，便在于前排部队可利用后排各单位之间的空当来后退寻求掩护。最终三条战线终于合并成一条战线，整个军团也彻底退化成一个方阵，预备队则改由单独的部队来担任。到了6世纪末，莫里斯在写作《战略》时甚至直接使用了"方阵"（Phalanx）一词来指代步兵的单线队形——虽然在他的规划中，重步兵依然要像军团步兵那样在白刃战之前投出标枪甚至长矛，之后再使用短剑与敌军搏斗。

重步兵愈发笨拙的阵型以及士兵们愈发下滑的素质，使他们无法再利用队形整齐的冲锋来决定会战胜负。在罗马的敌人中，无论是哥特人、匈人

（Hun）、波斯人，又都是以骑兵作为主力，这就更使重步兵的地位更加低落。与之相对，原本只是居于辅助作用的轻步兵、弓矢以及军团中早已编入的大量弩炮则越来越多地左右着战场上的天平。

与之相对，随着强有力的重步兵逐渐消失，原先在罗马军队中并不太受重视的骑兵，无论在数量上还是在地位上都有了大幅度提升。而对于那些以疏开队形作战的轻步兵们而言，骑兵的冲锋无疑是毁灭性的。最初，由于野战军对快速机动的需求，戴克里先组建了大量的骑兵部队，而由于罗马人本身并非出色的骑手，原先在希腊时代盛产优秀骑兵的马其顿（Macedonia）、色雷斯（Thracia）、色萨利（Thessaly）等地区又已经因战争化为废土，因此戴克里先在组建这些骑兵时，编入了大量的日耳曼人和波斯人。到4世纪初君士坦丁一世登基之后，又更进一步地降低了边防军团的规模和地位，而用节余的资源来加强野战军和骑兵。到4世纪下半叶，边防军虽然人数依然多于野战军，但其地位已经下降到如此程度——瓦伦斯（Valens）皇帝甚至曾在372年专门发布一道法令，规定应将那些强壮程度和身高不够资格，无法加入野战军的应征人员编入到边防军中去。在这道法令发布仅仅六年之后的阿德里亚堡会战中，罗马最后一支以重步兵作为主力的大规模军队被哥特骑兵击败，皇帝瓦伦斯战死。自此之后，在罗马人的军队中，骑兵一跃成为唯一具有决定性地位的兵种，其数量和受重视程度不断增加，步兵则沦为辅助兵种。

想要了解骑兵数量的增加到底是何等迅速，我们可以参考以下数字。在戴克里先的时代，虽然他组建了不少独立的骑兵部队，但骑兵在全部罗马军队中的比例还只是少量增加，其人数所占比例从未超过百分之十五。而到了4世纪末，按照同时代的《百官志》（*Notitia Dignitatum*）一书所列出的编制来计算，在帝国东部五支野战军总计十万四千人中，有两万一千五百名骑兵，占比达到了百分之二十一，若再加上完全由骑兵组成的三千五百名皇帝卫队（Scholae Palatinae），占比还要上升到百分之二十三。而在边防军的十九万五千五百人中，骑兵数量居然达到了九万七千五百人之多，占据了全军一半的人数。在西部皇帝控制的伊利里亚（Illyricum），总计六万三千名士兵中也有两万三千人是骑兵，占据了接近百分之四十五的比例。

与此同时，为了补充阿德里亚堡会战中的损失，东部皇帝狄奥多西一世

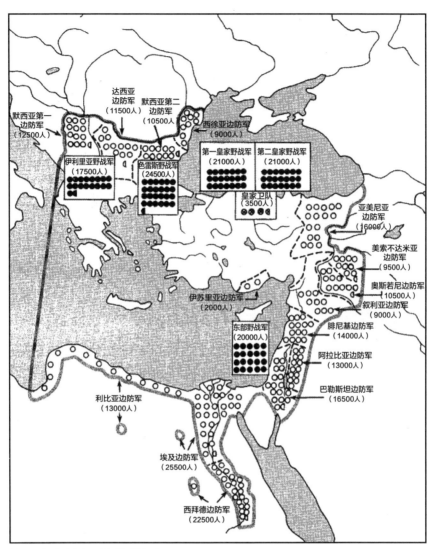

◎ 395年时罗马帝国东部的军队部署

（Theodosius I）招募了数量庞大的蛮族部队。在后来的一百年中，这些蛮族不断作乱，哥特人盖纳斯（Gainas）、日耳曼人阿斯帕尔（Aspar）先后执掌废立皇帝大权，直到457年利奥一世（Leo I）登基后，他才终于招募了大批小亚细亚伊苏利亚人（Isauria）山区的好战人口，用这些罗马本土士兵制衡了蛮

◎ 在阿德里亚堡会战中，最后一支以重步兵作为主力的罗马军队被哥特骑兵击败。自此之后，骑兵在罗马军队中的重要性空前提升，不可逆转地成为决定性兵种

族部队。502年，阿纳斯塔西乌斯一世（Anastasius I）又通过增加士兵津贴的方式招募了大批其他地区的本土士兵。而在经济条件欠佳，也无法再找到本土新兵员的西部，蛮族酋长们最终掌握了整个朝廷，将皇帝变成傀儡，并最终废黜西部皇帝，由他们以东部皇帝封臣的名义直接统治帝国西部。当然，这些所谓的"封臣"也不过只是名义上的而已，事实上帝国西部领土已经完全变成一个个独立的蛮族王国，罗马自此失去了半个帝国，一半的军队也要么被解散，要么直接成为帝国的敌手。

在东部，自阿纳斯塔西乌斯一世的时代（491年至518年）起，便再未出现过蛮族将领专权的问题。不仅如此，这位皇帝留下了一支十分强大的军队，不仅在与波斯的战争中获得优势，还在军事层面上为527年登基的查士丁尼一世（Justinian I）提供了坚实基础，去实现后者光复西部领土的愿望。

不过阿纳斯塔西乌斯所留下的这支军队，若是与1世纪的罗马军队相比，只能用面目全非来形容。如果恺撒或者奥古斯都看到他们，一定不会承认这是罗马军队，而只会将他们当作蛮族的联军。事实也正是如此，曾令罗马人引以为豪、高举着鹰徽征服整个地中海的重装军团步兵已经彻底消失，取而代之的则是一支同样优秀的重骑兵军队。与同时代其他所有民族都不相同，罗马人的重骑兵同时结合了枪骑兵和马弓手的特点。他们从波斯人那里学来了厚重的盔甲，从哥特人那里学会了如何使用骑枪和盾牌进行冲锋，又从游牧民族那里学会了如何在马背上使用弓箭。波斯人虽然也以骑射闻名，但与罗马人和游牧民族相比，他们更愿意使用拉力和威力都比较小的弓箭，以便能够尽可能快速地射出更多箭矢，并不十分重视威力如何。而且波斯人对于白刃战十分抵触，只要有可能便绝不会拔出自己的刀剑发动冲锋。哥特人仅有相对轻型的盔甲，而且不懂得如何骑射。游牧骑兵通常完全没有盔甲，对于骑枪冲锋也不在行。从此时开始直到11世纪前，罗马重骑兵成为整个地中海世界最为精锐的力量。

跟随贝利撒留（Belisarius）一同参与多场战争的普洛科皮乌斯（Procopius）在其《战史》一书中，对于当时罗马军队的描述更为直观，我们在此也有必要加以引用：

有人一提到我们今天的士兵便会鄙夷地说"他们不过是一群弓箭手罢了"，而只去称赞历史上那些"手持盾牌与敌军进行白刃搏斗的军团步兵"。这些人为我们失去古时的好战勇气痛心疾首，但事实上这正代表着他们不过是无知百姓。他们说弓箭手在古时是受人鄙视的兵种，却不记得在他们所说的荷马（Homer）时代，弓箭手都是既不骑马也没有装备长枪、盾牌或盔甲的轻装部队，他们徒步进入战场，或躲在战友的盾牌背后，或依靠岩石作为掩护。这样的弓箭手既不能有效保护自己，也不能信心十足地攻击敌军，只能小心翼翼地周旋于战斗的边缘地带。不仅如此，由于这些人体质柔弱，而且缺乏射击技能，他们只能把弓弦拉到胸口，箭矢飞出后自然显得漫无边际，其威力可能也不足以杀伤敌军。

但我们今日的马弓手已经完全不同，他们身着胸甲，腿上也拥有及膝的胫甲。这些马弓手配有弓矢和刀剑，大部分人拥有一支长枪，左肩上还有一枚

◎ 6世纪的罗马马弓手

小盾，盾牌由皮带绑在肩膀上，而无须用手握持。他们骑术高超，能够在战马全速奔跑时弯弓射箭，无论在前进还是撤退时都能保证箭矢的精准。他们并不仅仅将弓弦拉到胸口，而是拉到脸颊，有时甚至会拉到右耳，因此箭矢的威力也变得更大，总是能给敌人造成致命伤害，甚至能够毫不费力地同时穿透盾牌和胸甲。可即使如此，仍然有厚古薄今之辈因无知和愚昧，对我们的马弓手抱有鄙夷，然而这些马弓手的效率，早已在历次大战中展现得一清二楚。

无论是在阿纳斯塔西乌斯还是在查士丁尼手下，罗马军队中仍然存在着大量的蛮族独立部队。贝利撒留在530年的达拉会战（The Battle of Dara）中，曾部署过两个完全由六百名匈人组成的骑兵支队。在552年的塔吉纳会战（The Battle of Taginae）中，查士丁尼手下的另一位名将纳尔塞斯（Narses）也曾使用过大量的伦巴第（Lombardi）和赫鲁利（Heruli）骑兵。不过在查士丁尼所进行的历次战争中，我们也可以看到罗马本土骑兵逐渐开始发挥出越来越大的作用。在554年的卡西利努姆会战（The Battle of Casilinum）中，纳尔塞斯凭借他们既能射箭又能冲锋的特点，始终压制着法兰克步兵的密集队形，使其动弹不得，等到法兰克人的秩序在弓箭火力下变得混乱时，便凭借冲锋将他们彻底击溃，据说在多达八万名法兰克士兵中，仅有五人能够逃脱。

在本土骑兵变得越发强大的同时，步兵却几乎跌入了谷底。在达拉会战中，贝利撒留将所有步兵都部署在一道壕沟背后，整场会战中都不曾让他们向前推进一步。三年后，在毁灭汪达尔人并重新夺回阿非利加行省的两场会战中，贝利撒留虽然手中并非没有步兵，但他却根本没有将他们带到战场上。随后的哥特战争中，情况与之相似。贝利撒留夺回罗马城后，随即遭到哥特人围攻，在此期间，他仅有一次因步兵军官们的要求而派遣步兵出城突击，还落得了失败的下场，此后的出击便完全由纯粹的骑兵部队来进行。在塔吉纳会战中，纳尔塞斯宁愿命令伦巴第人和赫鲁利枪骑兵下马组成方阵来抵抗哥特人的冲锋，也不愿信任步兵。虽然在卡西利努姆会战中，纳尔塞斯使用专业步兵组成了部队的中央部分，但那些由他本人精选出来的精兵并不能代表全体罗马步兵的水准。

在贝利撒留和纳尔塞斯这样的将领们手中，除皇帝交给他们的帝国军队以外，还会拥有大批效忠于他们本人的家臣（Bucellarii）。与六百年前恺撒自费招募的那些军团相同，这些士兵由将军们亲自招募，军饷也由将军本人提供，因而对朝廷和皇帝没有任何忠诚可言。哥特战争期间，贝利撒留曾拥有多达七千名家臣，罗马国内甚至还曾传出"贝利撒留仅凭一人家兵便推翻哥特王国"的说法。虽然这一问题早在马略改革之后便已经出现了，但那时，指挥官们至少在名义上仍然是由元老院或者皇帝指派来统率部队的。可到5世纪以后，这一层名义也已经消失，将军们可以随意招募只效忠于自己的部队。这些手握重兵的将军自然也成为皇帝的心头之患。也正因为如此，即使贝利撒留对查士丁尼始终忠心耿耿，但后者却仍然要对其处处加以节制，甚至还曾在收复了大部分意大利领土之后，将军队指挥权分散给了数位将军，导致哥特战争不断拖延，从535年一直打到555年才告终。

在查士丁尼的时代中，罗马军队身上还发生了另一件大事。在他刚刚继位时，为了解决与波斯方面的战事，他在原有的五支野战军的基础上，又在亚美尼亚组建了一支新的野战军，并为其招募了大批士兵。达拉会战胜利之后，查士丁尼终于得以凭借年贡的方式与波斯人媾和，但为了平衡财政支出，他取消了东线边防军的军饷。虽然自5世纪以来，边防军早已退化成一种民兵组织，但查士丁尼的这一改变，还是立刻使边防军所剩下的最后一点战斗力也彻底消失。后来当波斯人再一次寇边之时，这些民兵绝大部分都未做任何抵抗便选择了投降，而由于东部野战军又有很大一部分都被派给贝利撒留前去收复阿非利加，因此直到亚美尼亚野战军赶到后，才遏制住了波斯人的攻势。

收复阿非利加后，查士丁尼又组建了阿非利加的野战军和边防军，而这又让帝国本已十分紧张的国库雪上加霜，其直接表现即为，到贝利撒留前往意大利时，跟随其一同出发的士兵居然只有七千名，而且其中很大一部分还是由其个人出资供养的家兵。

自541年起，罗马全境反复发生大规模鼠疫，人口损失超过四分之一，甚至连皇帝本人都险些因此丧命，帝国的财政收入和军队的人力来源也随之大幅下滑。在波斯人于545年同样因鼠疫而不得不与罗马握手言和之后，查士丁尼借机取消了全体边防军的军饷。从实质上说，边防军在此时便已经解

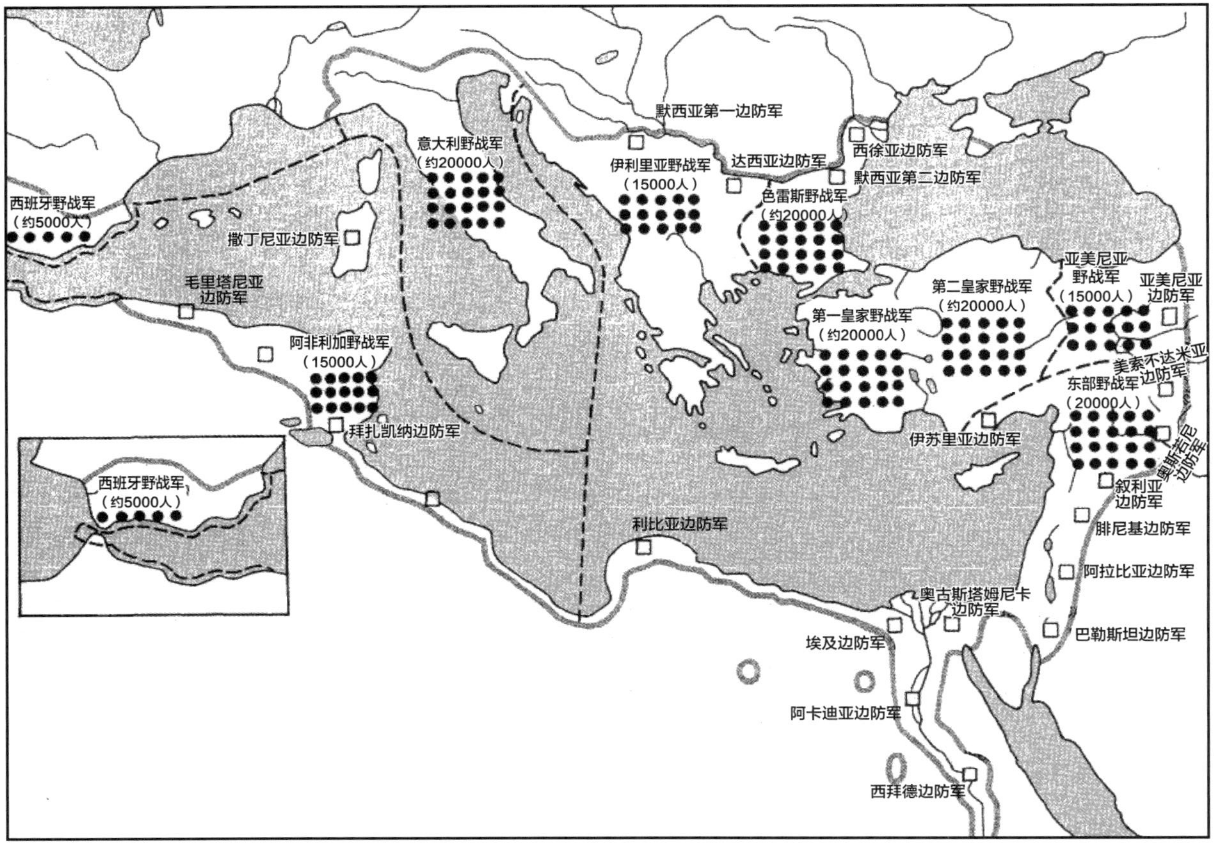

◎ 查士丁尼在位末期罗马军队的部署情况

亚美尼亚野战军（15000人）
亚美尼亚边防军
美索不达米亚边防军
东部野战军（20000人）
叙利亚边防军
腓尼基亚边防军
阿拉比亚边防军
巴勒斯坦边防军
伊苏里亚边防军
第二皇家野战军（约20000人）
第一皇家野战军（约20000人）
色雷斯野战军（约20000人）
西徐亚边防军
达西亚边防军
默西亚第二边防军
默西亚第一边防军
伊利里亚野战军（15000人）
奥古斯塔姆尼卡边防军
埃及边防军
西拜德边防军
阿卡迪亚边防军
利比亚边防军
意大利野战军（约20000人）
拜札凯纳边防军
阿非利加野战军（15000人）
撒丁尼亚边防军
毛里塔尼亚边防军
西班牙野战军（约5000人）
西班牙野战军（约5000人）

· 025 ·

体，剩下的边防部队虽然仍以民兵形式存续，但已没有任何战斗力可言。到查士丁尼于565年去世时，罗马全部的有效作战部队，除将军们的家兵以外，便只有东部的六支野战军以及新组建的阿非利加和意大利两支野战军。按照《284年至1081年的拜占庭及其军队》（*Byzantiumand It's Army, 284–1081*）一书作者特里德格德（Treadgold）的估算，这八个野战军相加，总人数应在十五万人左右，相较于395年帝国东部多达三十万人的编制规模，这一数字整整下降了一半。

可无论如何，查士丁尼在位期间，还是在其出色的法制和民事改革基础上，最大限度地完成了光复帝国西部的工作，阿非利加、意大利以及西班牙一部分均回归到了罗马统治下。不过因为瘟疫导致的财政紧缩，意大利大部分地区很快就被伦巴第人占领，西班牙那一小块土地也被西哥特人夺走。从查士丁尼统治末期开始，拖欠甚至克扣军饷的现象极为严重，军队纪律废弛，士气低落。当时一位小亚细亚的史学家阿伽提阿斯（Agathia）曾写道："皇帝已经步入了生命的最后时光，由于早年的辛勤，此时他已经精力不济，转而倾向于在敌人中间制造不和或通过金钱来安抚他们，而不再信任自己的军队，也不再敢于面对战争的危险。由于皇帝不再需要军队去开疆拓土，因此他也默许军队人数下降，负责税收和管理军队的官员们，也同样受到了这种冷淡态度的影响。"当然，阿伽提阿斯所看到的表面结果，绝不可能只是因为查士丁尼一人的衰老所致，其更重要的原因还在于反复爆发的瘟疫使帝国财政濒临崩溃。皇帝之所以不敢再面对战争危险，也同样是因为国库已经无法再承受惨败后重建军队或赔款的压力了。这一点甚至直到查士丁尼去世十五年后莫里斯撰写《战略》时，仍然在主导着罗马的军事思想。

578年，提比略·君士坦丁，也就是提比略二世成为罗马皇帝。在其上任之后，便立刻开始对先帝查士丁二世（Justin II）手下那支败多胜少的军队开始进行改组，而这些改组的具体工作，则是由两位将军来直接负责的，其中一位名为查士丁尼，另一位便是莫里斯，而《战略》也正是在这次改组中，作为一本指导性的文件而被写作出来。

到此时为止，我们已经对莫里斯开始改组前罗马军队的发展轨迹做了一个简单梳理，以便让读者们能够相对明确地了解莫里斯在对军队进行改组，以

◎ 拉文纳圣维塔尔教堂的镶嵌画，位于正中央者即为查士丁尼皇帝。在这位皇帝治下，罗马一度光复了意大利、阿非利加以及部分西班牙旧领，但一场规模庞大的瘟疫却导致其努力付之东流

及在《战略》中所显露出的军事思想都是因何而来，而莫里斯在改革中所面对的罗马军队，又处在什么样的状况之中。它继承了马略改革以来的职业化特点，虽然精锐，但又极不忠诚，任何关于军饷的风吹草动都会招致骚乱甚至兵变。雄心勃勃的将领们手中握有规模庞大的私兵，随时对皇位虎视眈眈。步兵已经彻底失势，骑兵成为战场上唯一的决定性力量。蛮族部队虽然占比和重要性均已经比5世纪时大幅下降，但仍在军队中占据着重要地位，而且依然在使用各自不同的战术和组织体系。而在帝国的边境上，由轻骑兵组成的柏柏尔人（Berber）觊觎着阿非利加；伦巴第人的枪骑兵已经涌入了意大利，夺走了大部分刚刚收复的领土；斯拉夫人的步兵来到多瑙河北岸，正准备对马其顿、色雷斯进行劫掠；阿瓦尔人等西徐亚（Scythian）游牧骑兵，也盘踞在多瑙河上游地区，随时可能入侵帝国境内；宿敌波斯的铁甲骑兵则已经占领了贝利撒留曾取得大胜的达拉城，即将撕碎帝国整个东部防线。

二、莫里斯其人和他的军事改组

在罗马帝国的诸多皇帝中，莫里斯作为一位承接着古典时代和中古时代的人物，在罗马历史上发挥了十分重要的作用，但后来人——无论是学者还是读者们，总是会忽视这位皇帝的作用，甚至将他在即位前和在位时所做的一些改革记在其他皇帝，如查士丁尼或希拉克略的名下。在一些关于罗马的简史中，甚至会出现"查士丁尼死后，无能的皇帝相继继位，直到希拉克略登基为止"这样的语句，就连莫里斯的名字都不曾提及，这显然是不公平的。事实上，莫里斯不仅主持了6世纪末期罗马的军事重组，在军政方面进行了诸多改革或者试验，而且作为一位统帅，他也曾在东方和多瑙河两条前线获得胜利。因此在这里，我们也必须对莫里斯其人以及这一本《战略》的要义进行一些简短总结，以便读者能够了解《战略》及其作者莫里斯，给罗马帝国带来了何等重要的影响。

作为提比略二世的女婿和继任者，弗拉维乌斯·莫里斯于539年出生在卡帕多西亚（Cappadocia）的阿拉比苏斯（Arabissus）地区，不过也有些史料称他出生自一个希腊化的亚美尼亚家族。其早年的具体经历已经无从可知，但在他第一次来到首都君士坦丁堡时，已经成为近卫军（Excubitor）指挥官提比略

◎ 罗马金币上的莫里斯皇帝头像。作为皇帝，莫里斯励精图治，在军政两方面都进行了改组

的秘书。574年，提比略加冕罗马皇帝，即提比略二世，之后莫里斯接任了近卫军指挥官的职位。继承皇帝本人原先的职位，也就意味着莫里斯成了提比略亲自挑选的接班人。两年之后，莫里斯便受命成为东境军事主官（Magister Militumper Orientem），全权负责对波斯的战事。577年，为报复波斯人在美索不达米亚地区进行的突袭，莫里斯沿着底格里斯河两岸发动了联合攻势，一路攻占了边境要塞阿普蒙（Aphumon）和辛加拉（Singara），迫使波斯大王库思老（Khosrow）在次年与其媾和，不巧库思老本人在和约缔结前便因病去世，导致两国之间的战争延长了下去。

580年，莫里斯发动了其在东方最具野心的一场战役。他将手中的陆军集中在幼发拉底河附近，由一支内河舰队伴随着，开始向波斯人的都城泰西封（Ctesiphon）进发。在这场战役中，罗马人和波斯人均表现出了杰出的战争艺术水准。莫里斯在攻克阿纳塔（Anatha）后，进军到距离泰西封不远的美索不达米亚中部。与此同时，波斯将军阿达马汗（Adarmahan）则进入美索不达米亚北部，从那里攻陷了莫里斯背后的埃德萨（Edessa），威胁罗马人的交通线并迫使莫里斯后退。虽然撤退过程十分艰苦，但莫里斯还是能利用战略性的机动，将阿达马汗逼退，并最终在卡利尼库姆（Callinicum）附近的会战中将其击败。582年6月，莫里斯终于在君士坦提纳（Constantina，今土耳其维兰谢希尔）决定性地击败了阿达马汗。不久之后，提比略病逝。8月13日，也就是提比略死前的最后一天，由帝国最高法官公布其遗嘱，宣布莫里斯继任皇位。有史学家认为，提比略曾准备将帝国西部交给另一位皇帝日耳曼努斯（Germanus），而只将东部交给莫里斯来统治。但无论如何，在提比略于8月14日去世后不久，莫里斯便遵照其遗嘱回到君士坦丁堡，迎娶了提比略的女儿君士坦提娜，成为罗马唯一的皇帝。

莫里斯继位时，帝国的情况事实上已经十分危急。他原先在东线对波斯人所赢得的有利局面，在其离开后不久便因约翰·迈斯塔康（John Mystacon）的失败而被扭转。从提比略二世在位时期始，罗马每年要向多瑙河上的阿瓦尔人支付八万枚金币的巨额贡金，斯拉夫人也早已将整个巴尔干半岛除君士坦丁堡以外的大部分土地洗劫一空——帝国在军事和财政两方面都已濒临破产。

莫里斯首先认清，中央朝廷已经没有力量去控制和防守查士丁尼刚刚收复不久的意大利和阿非利加。倘若继续维持现状，至少意大利很快就会再次落入野蛮人手中。为避免这一情况，莫里斯对两地进行了改革。在意大利和阿非利加，他取消了自戴克里先以来奉行了三百年的军政分离制度，将其改组为所谓的总督区（Exarchate），意大利为拉文纳总督区，阿非利加为迦太基总督区，分别由一名总督同时管理民事和军事事务。这样一来，两地便可以利用自己的财政来招募、供养军队，而不必坐等中央调拨的军饷。从实质上讲，虽然两地的总督仍要由皇帝来任命，但总督区本身有着相当的独立性，这不仅减轻了中央朝廷的财政压力，而且增强了当地军队战时的灵活性。作为对比，在设立拉文纳总督区前，伦巴第人在不到三十年时间里便已经占领查士丁尼所收复的大部分领土，而在那之后，罗马人却能够在剩下的几座城市中坚守长达超过一百五十年时间。莫里斯在帝国西部进行的这种军政合一改革，最终也成为后来希拉克略至君士坦斯二世（Constans II）时期，首先在帝国东部推行，后来又推广至整个罗马的军区制改革的基础。只不过在后来的军区（Theme）中，士兵已经成为由国家分配土地、平时耕作、战时服役的义务民兵。而在莫里斯的总督区中，士兵仍是单纯依靠军饷来供养的职业士兵。

在东部前线，虽然都城附近的局势已是如此紧张，可在解决波斯方面的事务之前，莫里斯还是只能将巴尔干的命运寄托在君士坦丁堡坚不可摧的城墙之上。586年，莫里斯亲自率军在达拉以南进行的索拉肯会战（The Battle of Solachon）中击败波斯人。两年后，波斯人又趁罗马人兵变的机会发动反击，

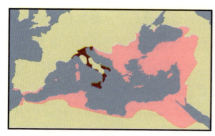

◎ 拉文纳总督区（深红色部分）

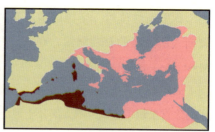

◎ 阿非利加总督区（深红色部分）

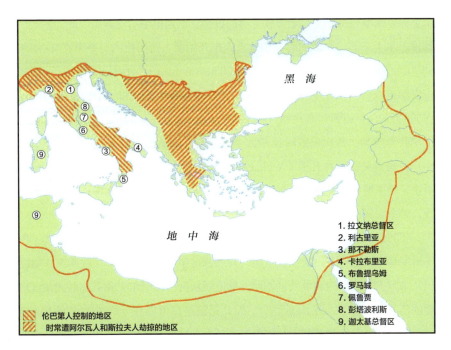

地图说明：
- 1. 拉文纳总督区
- 2. 利古里亚
- 3. 那不勒斯
- 4. 卡拉布里亚
- 5. 布鲁提乌姆
- 6. 罗马城
- 7. 佩鲁贾
- 8. 彭塔波利斯
- 9. 迦太基总督区

伦巴第人控制的地区
时常遭阿尔瓦人和斯拉夫人劫掠的地区

◎ 600年时的罗马疆界

但他们连这些兵变的士兵们都没能击败。不久之后，罗马人再一次获得了决定性胜利，俘获了超过三千名战俘，收缴了大批战利品。又过了两年，波斯发生内乱，被推翻的库思老二世转而向罗马人求助。对于莫里斯来说，这是解决其东方战事的绝佳机会，因此他派出了一支多达三万五千人的大军，在591年帮助库思老二世成功复位。此后，库思老二世与莫里斯签订和约，将凡湖（Van）以西的整个亚美尼亚西部割让给罗马。凭借第二个"永久和约"①，莫里斯不仅大幅扩张了帝国的东疆，而且终于能够腾出手来处理巴尔干的战事。

592年之前，罗马人在多瑙河方向上始终采取守势。莫里斯继位时，阿瓦尔人已经占领多瑙河上的重镇西尔米乌姆（Sirmium，即今日的贝尔格莱

---

① 第一个"永久和约"于查士丁尼在位时与库思老一世签订。

德），要求罗马每年支付十万枚金币的贡金，遭到拒绝后便开始以此为基地，劫掠巴尔干东部。与此同时，斯拉夫人也开始涌入帝国境内，甚至在584年和586年分别对君士坦丁堡和萨洛尼卡（Thessalonica）这两座巴尔干最大的城市发动进攻，其足迹更远至伯罗奔尼撒。与波斯人签订和约后，莫里斯终于在592年亲自夺回西尔米乌姆。接下来的几年中，罗马的将军们不断在多瑙河沿岸获得胜利，数次击败阿瓦尔人、斯拉夫人以及格庇德人（Gepid）。602年，罗马人又在瓦拉几亚（Wallachia）对斯拉夫人取得决定性胜利。到此时为止，莫里斯已经完成西部领土的改组，修复了帝国在东方和多瑙河的两条防线，整个东部地区似乎已经安如泰山。

不过，与他在这些战役中所取得的胜利相比，莫里斯更重要的成就还在于对罗马军队进行了一次彻底重组。与三百余年后虽然写下了《战术》一书，但从未走上过战场的利奥六世不同，莫里斯从自己在巴尔干和东部前线亲自指挥的历次战役中积累了大量经验。因此无论是莫里斯在《战略》中写下的内容，还是其进行的改革都十分实用，而且全盘接受了自阿德里亚堡会战以来罗马军队发生的巨大变化。与之相比，两百年前的韦格蒂乌斯（Vegetius）在写作《罗马军制》时，不仅没有接受当时那些不可逆的变化，反而还在字里行间不断追忆着军团的全盛时代，对于同时代的罗马军队大加贬低。三百年后利奥六世的《战术》则不过是《战略》一书的翻新版本，与莫里斯的著作相比，其主要区别仅在于后者整理了全书的结构，将早已不在帝国内通行的拉丁语词汇翻译成希腊语，并对各敌对民族的情况进行了更新，用新民族取代了那些早已消失的民族。

自从在提比略二世手下担任近卫军长官时起，莫里斯便与另一位将军查士丁尼受命对帝国军队进行改组，其具体细节已经无从得知，但其中最重要的几点内容我们还是可以从《战略》一书以及后来的罗马军队身上看到。由于在过去的一二百年时间里，将领的私兵和由蛮族领袖直接率领的蛮盟部队，都曾给罗马带来巨大的灾祸。莫里斯在改组中首先取消了将军们手中的亲兵，从此之后，军队中所有百夫长级别以上的军官都要由朝廷直接任命，士兵则必须对皇帝本人宣誓效忠，其军饷也由国库直接支付。另外，完全独立的蛮族部队也被取消了。作为精锐的战斗力量，蛮盟士兵虽然仍被看作罗马军队中重要的组

◎ 一幅依照莫里斯《战略》中描述的操练方法绘制的罗马骑兵彩绘。这些既能够射箭又能够利用骑枪冲锋的骑兵，在后来长达数百年的时间里，作为罗马军队的主力，保卫着帝国剩余领土

成部分[1]，但这些部队不仅数量已经大幅减少，且不再由自己的王公酋长们率领，而改由罗马的将军们指挥，使用与罗马人相同的战术。从实质上来讲，莫里斯取消了蛮盟部队的一切独立性，只将他们视作罗马军队中的精兵。在这两项改革之后，除意大利和阿非利加两个总督区的军队，所有的罗马军队都已成为真正的国家军队。

与此同时，莫里斯还为全体罗马军队制定了一套统一的编制体系。在此之前直到查士丁尼时代的很长一段时间内，无论是蛮族部队，还是罗马本土部队都没有一套稳定的战术体系。再加上将领的私兵们占据着重要地位，罗马几乎每一支野战部队都在使用不同的编制和战术。在莫里斯的改组中，他首先确定以"战队""营"作为基础战术单位，所有的这些单位人数均在三百至四百人之间，使用的操练方式和武器也几乎相同，其名称不同的原因仅在于兵源和沿革的区别，事实上所有这些单位都是正规的重骑兵营。在营级之上者，即为骑兵团和骑兵师，其中后者为最大规模的战术单位，师长以上即为"将军"和"副将"，也就是全军的两位统帅。在这三个等级的指挥官中，营长和师长相对要担负更多的责任，其中营长要负责士兵的日常操练、维持军纪，师长则要负责指挥部队在战场上的行动与大规模的演习。在莫里斯的时代，所有营级以上单位都并非永久性的建制，而是在战役开始前才临时编组起来的。直到莫里斯死后的军区制改革之后，各部队才形成了与土地绑定的永久性建制。

除编制以外，莫里斯还为全体罗马军队制定了统一的大战术。他规定骑兵部队应组成两条战线，第一线为战斗线，第二线为支援线；第一线以完整的齐整正面进行攻击，第二线各师之间留出空当，在后方为第一线提供支援。若第一线失利，第二线便可以趋前为其提供掩护，以便第一线的败兵在其背后进行重组。同时，在两条战线的侧翼，还分别部署有两支侧翼支队，距离主力战线较近的被称为侧卫或迂回部队，负责在会战的正面战场上抵挡

---

[1] 原注：提比略二世为补充蛮族精兵，甚至还专门下令从国内购买了大批蛮族奴隶，将他们释放并组成军队。

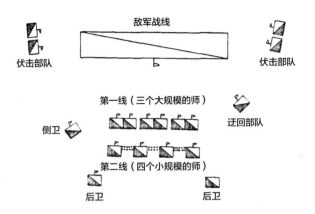

敌军战线

伏击部队　　　　　　　　　　　伏击部队

第一线（三个大规模的师）

侧卫　　　　　　　　　　　迂回部队

第二线（四个小规模的师）

后卫　　　　　　后卫

◎ 莫里斯为罗马骑兵部队制定的战术体系示意图

敌军的迂回，并尝试迂回敌军。较远的则被称为伏击部队，负责从战场边缘
敌军无法观察到的位置对敌军侧翼和背后进行攻击。除上述部队以外，莫里
斯还规定在第二线侧后方向要分别部署一个营来担任后卫。战场上的所有行
动都以严格的纪律加以约束，任何部队都不得擅自冲锋、追击或撤退。这一
套大战术体系就好像是军团全盛时期三线战术的复活，它既不依赖冲力也不
依赖火力，其威力来自各部队协调一致的连续打击，冲锋和弓箭射击只不过
是它向外延伸力量的手段。

　　若从结果上来看，莫里斯所制定的这套战术和编制无疑是极为成功的。
甚至于直到三百余年后，利奥六世在撰写《战术》时，也没有在战术方面对
其进行任何修改，只是在建制方面将莫里斯时代的临时编制改成军区制下的
永久性建制而已。从莫里斯于6世纪末进行的改组开始，直到1071年曼奇克
特会战之前这长达五百年时间里，这套体系始终能够保卫罗马帝国剩余的大
部分疆土，甚至于在曼奇克特会战惨败，军区制逐渐解体后，我们仍然能从
由佣兵组成的晚期罗马军队中看到莫里斯的战术，其有效性完全能够与马其
顿时代、军团时代等最负盛名的军事体系相提并论。约翰·富勒曾对莫里斯
所奠定的这一体系做出极高评价："尽管这个帝国具有许多缺点，但是它有
一个特长，即它的军事组织要比所有邻国都远为优越，否则它就不可能维持
这样长的时间……最重要的，是莫里斯和利奥六世两位皇帝，分别在579年和

◎ 罗马军队中的医疗人员。在当时的欧洲，罗马人是唯一在军队中单独设置医疗兵的部队，而这无疑也证明了罗马军事制度相对于其他民族的先进程度

900年撰写了《战略》和《战术》两本教范，使战争艺术有据可循。毫不夸张地说，一直到19世纪，西欧都不曾产生过如此优秀的军事教范。"在译者看来，此二者中，无疑又以《战略》更为重要，而这本著作的诞生，不过是莫里斯改革的结果之一。

可即使是从《战略》一书的字里行间之中，我们也能够读出，从查士丁尼一世后期至查士丁二世在位期间，大规模瘟疫带来的末日情绪、国库匮乏、朝廷对军队的忽视以及自4世纪以来的接连战败给军队带来的广泛恶劣影响。罗马军队早已失去了战无不胜的信心，士兵变得愈发敏感，士气也因此变得更加脆弱。因此在莫里斯给将军们的建议中，与敌军进行会战成了下下之策，只要能以谈判、诡计、收买、伏击、奇袭或迂回对方交通线等任何方式来达成战役目的，便不应冒险与敌军进行会战。甚至在敌军进入罗马国土进行劫掠时，也不宜采用直接迎击的办法，反而应选择在对方劫掠后携带笨重的战利品返程时再对其发动进攻，或是干脆直接进入敌方领土进行报复或牵制行动。从这一点中，我们似乎可以读出两个问题：第一，此时罗马军队相对其他民族已不再像3世纪及之前那样占据绝对优势，在会战中的必胜信心也早已不复存在；第二，国库已经负担不起会战失败的后果，无论是重建军队还是支付赔偿金或贡金，对罗马此时的财政而言都会造成毁灭性打击，后一点在莫里斯写下的"毫无理由地动员大批部队只能带来混乱和财政方面的灾难"这一句话中也可得到证明。毕竟我们必须记得，在古代的军事教范之中，提及财政问题的著作只不过是凤毛麟角。莫里斯以及后来的利奥六世对于会战和攻势作战的谨慎程度，甚至在一千年以后，还被爱德华·吉本讽刺地评价《战略》及其后续的几部罗马军事著作是"为了避免失败，而非为了争取胜利而写"，在译者看来，吉本的观点也绝非毫无道理。

另外，莫里斯在整部手册中还不断建议将军们应采用各种办法来维持士兵们的士气，无论是以激励的方式还是利用士兵的迷信心理，必要时甚至可以采取欺骗的手段。莫里斯还在文中提到，如果敌军比己方更加强大，便不应让士兵们在战前便知晓此事，而且还要利用地形尽可能让士兵看不到对方的阵容，以免他们丧失勇气。另外他还建议，从走出营地大门开始计算，重步兵在

◎ 正在依照《战略》中所描述的龟甲阵进行操练的6世纪罗马重步兵。虽然他们相对于5世纪的罗马军队而言素质有了大幅提升，但似乎仍然无法与全盛时期的军团步兵相提并论

会战中前进的距离不应超过两里①，否则他们便可能会被盔甲的重量所压垮累坏。从这些文字中，莫里斯显露出自己作为一位优秀将领的大量实战经验，但同时也从一个侧面证明，此时罗马士兵们的士气和坚韧程度已不再像军团时期那样坚不可摧。

话虽如此，相比4世纪屡屡败于蛮族之手的那支罗马军队，莫里斯手下的士兵们似乎又要坚强许多。那支军队中，由于蛮族士兵占比较大，将军们无法用严格的纪律加以约束，士气也十分低落。在发动冲锋或进攻时，他们抛弃了从马其顿时代便开始在精兵中奉行的一言不发、静默前进原则，改为利用呐喊或敲击盾牌的方式来鼓舞自己。要知道，对于训练有素、信心充沛的部队而言，静默前进不仅会令对方产生比呐喊更深刻的恐惧心理，也能够方便士兵们听清指挥官的命令，确保行动的协调。只有那些纪律不佳或士兵不够勇敢的军队，才会倾向于用呐喊来鼓起自己的勇气。从《战略》中建议将军们应以静默方式前进，而不应在与敌军接战前便放声呐喊的说法，以及莫里斯批评呐喊毫无用处的语气来看，直到这次改组之时，罗马人才恢复了静默前进的传统。这似乎也能够证明在莫里斯改组后，罗马军队的纪律相比先前要更加优秀一些。

在莫里斯完成改组之后，罗马军队终于褪去了4世纪至6世纪前期的蛮族联军面貌。如今他们重新拥有了固定的战术、编制以及严格的纪律，士兵们的训练水平也相对较高，可以在战场上执行不同的战术。与之相比，除波斯人以外其余的民族，尤其是西欧蛮族往往仅能使用一种办法来作战，而这种办法与其说是战术，倒不如说是传统或者习俗。也正因为如此，罗马人才能够利用《战略》和《战术》中有关于如何应对各民族军队的章节中那些相应的手段，来从容应对各民族一成不变的作战方式。对于莫里斯和查士丁尼两位将军对军队进行改组的结果，6世纪的史学家狄奥法纳斯（Theophanes）可以说是做出了最为精辟的评价。他说："二人矫正了错误的事情，用秩序替代了混乱，简言之，即让所有事情都走上了正轨。"

---

① 本书中所有的"里"均为罗马里，一罗马里在帝国各地所代表的距离也不一样，在帝国东部通常约为一千四百米至一千六百米。

◎ 一幅表现莫里斯皇帝被叛军杀死的绘画，作于1790年左右

　　不幸的是，纵使莫里斯为罗马做出了如此巨大的贡献，其本人在登基后却并不为军队所欢迎，其根本原因则还是来自国库的亏空。593年，莫里斯为节约士兵津贴和补给开销，曾下令让军队在多瑙河北岸，也就是罗马境外宿营过冬，希望军队能够自行通过抢劫或是征发的方式来解决给养问题，其结果便是爆发兵变，皇帝不得不收回成命。一年以后，莫里斯又试图取消发给士兵们购买武器和服装的津贴[1]，改为由国家统一发放兵器。为了讨好士兵，他还承诺阵亡将士的儿子可以顶替父亲加入军队，以解士兵们的后顾之忧。对这种连权宜之计都很难算得上的承诺，士兵们自然不会买账，结果皇帝只好又一次做出让步。到602年，已经在位达二十年之久的莫里斯再次命令军队在多瑙河北

---

　　① 这种津贴在《战略》中也有所提及。

岸过冬，结果这一次，军队不仅再度发生兵变，甚至直接开进了君士坦丁堡，残杀了莫里斯和他的全部子女，给这位《战略》的作者，东罗马军事体系的奠基人画上了一个悲惨的句号。

莫里斯死后，波斯大王库思老二世立刻以为莫里斯报仇的名义入侵罗马，引起了长达二十六年的战祸，直到628年才告终结。这场战争中，职业军队逐渐变成了与土地绑定的农兵，在莫里斯的总督区基础上，又出现了以农兵为基础的军区制。到君士坦斯二世在位时，罗马绝大部分领土都已被划为军区。到此时为止，马略改革的一切影响，都从罗马军队身上彻底消失。而在这支注定要保卫帝国数百年的新罗马军队身上所留下的，除希拉克略建立的农兵军区制以外，便是莫里斯所制定的战术和编制，它们作为两根擎天立柱支撑着整个帝国，直到1071年曼奇克特会战惨败才终于倒塌下来。

引子

　　我国军队的境况长期以来为人忽视，甚至已经完全被人遗忘[1]。接掌部队指挥权之人就连最基本的事务都不了解，并因此遭遇重重困难。有时人们会批评士兵缺乏训练，有时又会批评将军缺乏经验。因此，我们决心尽自己所能，写下一些简洁明了的语句，结合古籍著作以及本人有限的服役经验，尽可能使其对军队有用，而非着眼于华丽的辞藻。在此过程中，我们绝不会装模作样地提出什么新鲜理论，或是想要更正前人观点。对于古人[2]留下的著作而言，无论我们是将它们转告于博学且经验丰富的士兵，还是借其观点来与门外汉讨论某些议题，或是向后辈传授基础知识，都十分有必要。根据笔者判断，如今我们绝不能忽视那些显而易见的问题，因为这正是那些想要带领军队走向成功之人所必须知晓之事。因此，我们决定为那些献身于将道的人们写作一部适当的入门读物或是手册，如果他们想要进一步深入了解更多、更加详细的知识，则需要去阅读古代的战术理论。如前所述，因为同样的原因，我们不会在辞藻或文字流畅性方面花费太多精力，毕竟我们所写的并非神圣经文，因此我们也会更加关注实用性和表述的简明。秉承着这种观念，我们在书中使用了大量拉丁

---

　　① 译注：本书著于579年左右。查士丁尼一世在位后期，即540年至565年之间，罗马因两次严重的瘟疫，导致国家人口减少四分之一，经济遭受沉重打击，军队人数也从近三十万人逐渐减少至查士丁尼去世时的十五万左右，同时由于军饷、训练不足，而且自贝利撒留和纳尔塞斯两位名将之后，罗马再无一位能力出色的指挥官，军队素质和士气均一落千丈，查士丁尼在位期间所征服的大片土地也相继丧失，而军队也因为地位下降而变得无人过问，直到莫里斯受提比略二世之命重整军备。莫里斯在文中所指的，正是罗马军队这一段低潮时期。

　　② 译注：莫里斯时代所指的"古人"，即为那些希腊时代、罗马共和国时代和帝国早期时代的人物。

1

语词汇或日常军事用语中的其他表达方式来使读者更容易理解我们的课题。[①]
如果在这部书中，能有任何部分对众人有用，那就让我们感谢万能的上帝，是他赋予了我们理解这些课题的能力。如果有哪位将军，凭着自己的经验和勤勉，比我们更加了解这些课题，就让我们再次感谢一切美好事物的施予者——上帝，并希望我们的作品能够得到公正的评价。

首先，我们恳请各位将军，将自己最主要的注意力，集中于争取上帝的关爱和公正[②]。在此基础上，将军们应极力争取上帝的青睐，否则无论他的计划看起来如何无懈可击，也无法顺利执行；无论他认为敌人如何弱小，也无法将其击败。即使是一位最好的舵手，在风向不利时也绝对无法施展出自己的出色技艺。而他在得到上帝庇护的情况下，一切条件都将变得顺利，此时他才能毫无困难地为船只掌舵。良将们身上的情况也大抵相仿，倘若将军能够夜以继日地发挥出自己在战术和战略上的技艺，他便能让军队对自己信心十足，足以让鼓起勇气的士兵去面对敌人所能施展出的任何诡计。只有上帝的保佑，才能让将军占据优势，并让他的计划顺利实施。而为了赢得上帝青睐，将军必须冷静沉着，衣食必须简单朴素，随从人员也不得铺张浪费。在处理军务时，他必须勤勉且不知疲倦，绝不能慵懒或是粗心。即使在面对最困难的局势时，谨慎和坚韧也完全能够让他轻易渡过难关。但如果他不在意某些问题，这些问题早晚会成为致命伤。

身为将军应经常审视自己所面临的最严峻问题，并以稳妥的方式迅速确定解决办法。因为机遇正是解决问题的良药。在下属面前，将军必须始终保持心平气和。倘若他在处理因胆怯或大意而违反军纪之人时过于宽厚，那么他便绝不能指望别人将自己视作良将，因为良将是绝不会纵容胆怯或者懒惰的。另一方面，他也绝不能在没有全面、公正地调查之前便急于惩处士兵，否则便无

---

① 译注：《战略》一书以希腊语写作而成，但其中一部分专业词汇和军官的口令还是使用了拉丁语。另外，书中还有一些沿袭自蛮族雇佣部队的外来语词汇。自查士丁尼一世之后，罗马皇帝均以希腊语作为母语，而希腊语本身也始终都是帝国东部的通用语。

② 译注：自狄奥多西一世在位时的393年起，基督教便已成为罗马的国教。莫里斯生活的时代，古老的多神教早已销声匿迹，而所有专著中也都会写有恳求上帝保佑的字眼。

法显示出自身的稳重。这种情况只要出现一次，就会让士兵蔑视将军，而且带来抗命的结果，倘若接二连三发生，更会导致士兵的怨恨以及其他一系列后果。上述两种错误都是很极端的，合理的办法是恩威并施，即在确认了违纪者的错误后，再施以合理的惩罚。在理智的士兵们眼中，这便不是惩罚，反而更像是矫正错误的措施，有助维持军纪。

概述①

一、士兵的个人训练

士兵们都应接受在站立姿态下快速射箭的训练，无论以罗马射法还是波斯射法②皆可。对于射出箭支的威力而言，拉弓速度③就显得十分重要。这一点极为关键，而且有必要在骑马时也让士兵进行这样的练习。事实上，即使士兵们能够准确瞄准目标，但如果箭速和射速过低，也没有任何意义。士兵们应该练习以站姿在一定距离上射击一根长枪或其他类似目标，另外他还要练习在骑马飞驰的过程中，向前后左右快速射箭，此外还要练习跳上或跳下马背。在每次骑马奔跑时，士兵都要使用自己的弓射出一至两箭，如果弓囊够大或是此人使用半包裹式弓囊，就应把没有摘下弦的弓放进弓囊，拿出平时背在后背上的骑枪，之后再快速将其放回后背，重新换回弓箭。士兵们骑马在己方领土上行军时，我们应让他们反复进行这种训练，而这种训练本身既不会妨碍行军，也不会累坏马匹。

---

① 译注：以下各章除最后一章外，莫里斯写下的所有内容中的描述对象均为骑兵，"士兵"一词所指代的也是骑兵，而非包括步兵在内的全体士兵。因为在6世纪时，骑兵已经成为罗马军队中最主要的力量，步兵仅被视作辅助力量，很多会战也是完全由骑兵来打的。

② 译注：所谓"罗马射法"，即用拇指拉弦，再用食指或中指扣住拇指的射箭方式，多为游牧民族使用，而罗马人也是自西徐亚人等游牧民族学得这种射法。这种射法今日往往被称为"蒙古射法"。"波斯射法"则是用食指、中指、无名指拉弦的射箭方式，今日被通称为"地中海射法"。

③ 译注：此处所指的拉弓速度为将弓拉满的速度，莫里斯认为能够快速将弓拉满的人，既能发挥出弓箭的威力，也能加快射箭的速度。

二、骑兵所需的武器和基本装备

在士兵的个人训练顺利进行的同时，指挥官也必须为士兵提供武器和装备。下一年战役中所需的装备，必须在冬季宿营期间就准备好。每一个士兵都需要配备与自己的级别、军饷、补贴相匹配的装备。而这对于师级（Mero）、团级（Moira）①、营级（Tagma）指挥官，以及百夫长（Hekatontarch）、什长（Dekarch）、伍长（Pentarch）、组长（Tetrarch，指挥包括他自己在内的四个人）②以及领主家兵（Bucellary）③和封建部队而言就更为重要。士兵们必须装备兜帽式护颈，长及脚踝，可用皮带和锁扣系紧的身甲以及相应的盔甲箱，头盔上也要有羽饰。士兵们的弓箭拉力必须与各自臂力相适应，不能强求重弓，也不能像更多情况下那样取巧选择轻弓。弓袋必须足够宽大，能够在必要时容纳已经上好弦的弓，而马鞍两侧的袋子里也要准备好备用弓弦。箭囊必须拥有遮盖物，其中可容纳三十至四十支箭，箭囊的背带上也要备好锉刀和锥子等工具。士兵们使用的阿瓦尔（Avar）式骑枪应在枪杆中部配有皮质背带，枪尖附近配有飘带。最后，除了骑兵本人要拥有佩剑以外，战马也应该拥有亚麻在外、羊毛在内的护颈。对于那些不善使用弓箭的外族部队④，则应让他们配备骑枪和盾牌。让家臣部队装备铁手套，并在马的鞍带和胸带上加挂流苏。将小旗挂在自己铠甲肩膀部位的做法也十分不错。原因在于，一位士兵的武器越是华丽，他对自己的信心就会越强，而他对敌军的恐吓作用也会更大。

除外族人以外，所有年龄不超过四十岁的青年罗马士兵，无论他们使用

---

① 译注："Moira"一词常被译为"旅"，但由于后文中莫里斯指出该级部队同时也被称为"千人队"，而该词又是源自古代马其顿军事体系中方阵步兵团的称呼，因此本书中我们也将"Moira"翻译为"团"，而非"旅"。

② 译注："Tetrarch"一词直译应为"四夫长"。

③ 译注：即不效忠罗马帝国或皇帝，只宣誓效忠于各自将领的私兵，其兵员以蛮族佣兵为主。事实上莫里斯在自己的改革中，最重要的一个方面便是大幅削减了这类部队的数量，规定士兵的效忠对象必须是皇帝本人，同时还重新树立了本土士兵在军队中的多数地位。

④ 译注：此处所指代者主要以哥特人、格庇德人和伦巴第人为主。西徐亚人、匈人等民族虽然也是外族部队，但却十分善于使用弓箭。

弓箭的射术高超还是泯然众人，都必须拥有弓箭和箭囊。士兵们还应拥有两支骑枪，以便在第一支丢失后还有备用之物。武艺不精之人应使用拉力较轻的弓箭。待一段时间之后，即使是不知如何射箭之人也能够学会射箭技巧，而这也是他们必须学会的技巧。

战马，尤其是军官、一些特殊部队以及位于战线前排的战马，都应在头部配备铁质的护额，以及铁质或毛毡制成的护胸，至少也要装备阿瓦尔人使用的那种胸革和护颈。

马鞍必须配备面积够大而且厚实的鞍布，缰绳也必须是精工细作之物。马鞍应配备两个铁制马镫（Skala）、一套绑马绳索以及一个足够容纳士兵三四日所需给养的鞍袋。在马背的绑带上应配有四个流苏，另在马头和下颚两处分别配备一个。

士兵们的服装，尤其是束腰长袍，无论是由亚麻、羊毛还是粗毛制成，都应该足够宽大、厚实，并依照阿瓦尔式样剪裁。只有这样，这些长袍才能被系紧起来，覆盖膝盖，并在骑马时表现出整洁的外貌。

士兵们应按照军队中的规定为自己配置随从，奴隶或自由人皆可，那些因此领受了津贴的士兵更应如此。在分发军饷时，对随从和他们的武器应随士兵一同进行登记，同时还应询问这些人是以何种名义来领受津贴的。如果士兵们无视命令，没有给自己配置随从，军队在战时就必须分派一部分士兵到行李纵列去，战斗人员的数量也会相对减少。即使在很多情况下，有些士兵无法负担随从的佣金，也应让三四名士兵共同雇佣一名随从。用来背负盔甲和营帐的驮兽方面也应做相应的安排。

每个骑兵师所使用的军旗均应为同一颜色，每个骑兵团使用的飘带也应为同一颜色，只有这样，各营才能方便地识别出自己所在部队。另外，军旗上还应绘上其他一些方便辨认的标识，以便士兵能够快速识别出各师、团、营等单位。师长（Merarchs）个人的将旗更应格外显眼，使士兵们从很远距离上便可看清。

统帅必须在行李纵列中准备一些额外的武器，尤其是弓和箭矢，以补充战场上的损耗。

在冬季宿营期间，如果当地无法方便地获得补给，那么各营长就应该统计所需补给的数量，并告知自己的师长，手下部队需要多少战马、武器装备。只有这样，将军才能及时为士兵们准备补给。

在收纳盔甲时，除皮革包袱以外，士兵们还应准备一个较轻的柳条袋。在会战或进行突袭时，这个柳条袋应挂在马鞍后方，战马的腰腿之间。这样一来，即使某位战士运气不佳，与自己的备用战马失散超过一天，盔甲也不至于因得不到保护而发生损坏，士兵也不至于被迫长时间身穿盔甲而精疲力竭。

三、军官与士兵的各种称呼

上文我们已经对士兵的个体训练和相应装备进行了叙述，接下来有必要对军官、部队、士兵的称谓进行说明，这也是讲解战术体系的重要部分。我们之所以要对此进行专门说明，目的在于使读者们能够对这些名称获得更精确的了解，不然在第一次听到这些名称时，读者很可能根本不知道它们的含义。

首先，全军的统帅被称为将军（Strategos）；地位仅次于将军之人被称为副将（Hypostrategos）。师级指挥官被称为师长，团级指挥官除团长（Moirarch）以外，还被称为公爵。一师下辖三团，各团则由伯爵（Comes）或护民官（Tribune）指挥的营、骑兵卫队（Arithmoi），或战队（Bandon）[①]组成。首席百夫长（Ilarch）地位仅次于伯爵和护民官。百夫长负责指挥一百人，什长指挥十人，伍长指挥五人。被称为卫兵的组长负责指挥后卫，同时他也是每行最后一排士兵。旗手负责背负战队[②]的徽标，其手下还有一名副手。在精选军（Optimates）中，团长还被称为分队长（Taxiarch）。另外精选军中的辅助士兵或持盾兵被称为武装侍从（Armati）。

---

① 译注："Bandon"一词为希腊语，对应拉丁语为"Bandum"，源自日耳曼词汇，原意为"军旗"。在作为部队单位时，"Bandon"指代一个营级部队。有些中文译作将该词译为"旗队"，但由于本书将以罗马军旗为词源的"Vexillation"一词译为"旗队"，而相当于营级的"大队"一词在用于罗马军事体系时又被专门用来指代原先军团体系下的步兵大队"Cohort"，因此本书采用了"战队"一词来翻译"Bandon"。

② 译注：指代全体营级单位。莫里斯在《战略》一书中经常混用"战队""营"以及"伯爵""护民官"等意义相同的词汇。但通常而言，莫里斯会使用"战队"来指代那些不被排列在主力战线之中，而被列在侧卫和迂回部队之中的部队。"营"则用来指代正面战线中的部队。

"攻击部队"（Koursores）一词用于指代那些从战线中冲向前去攻击撤退敌军的士兵。"防御部队"（Defensores）则用来指代那些跟在攻击部队后方的士兵[①]，他们既不冲锋也不解散行列，始终以整齐队形前进，直到攻击部队被迫后退时给予支援。"医疗兵"（Deputatoi）即为跟在战线后方抢救、照料伤员的人员。"宿营组"则是在大部队前方勘察地形、寻找良好道路并确定宿营地点的人员。"测绘组"负责丈量土地、架设营地。"侦察兵"负责探听敌情。"侧卫"的任务则是保护第一线部队两翼的安全。"迂回部队"负责包抄对方侧翼。"行李纵列"则包括士兵的给养、随从、驮兽以及其他牲畜。

四、军队的组织和军官的分配

在依照规定将士兵们武装起来，并为军队准备了必要的供给，军官和士兵的隶属关系也已确定后，统帅便要将全军编组为各级作战单位，并分配指挥官去指挥各部队。

骑兵营人数应在三百至四百人之间，担任营长的伯爵或护民官必须谨慎能干。在营级之上的骑兵团或千人队（Chiliarchie），依照军队整体规模的不同，人数应在两千至三千人之间，由足以胜任的团长（也被称为"公爵"或"千夫长"）负责指挥，这位指挥官本身也必须足够谨慎自制。各骑兵团则应被分别编入三个兵力相当的骑兵师，各师长也被称为"指挥官"（Stratelate），此人必须谨慎、现实，有着丰富的经验。如果可能，还应该能够读写文字。这些素质对于负责指挥位于战线中央那个师的师长，也就是全军副将而言格外重要，因为在必要情况下，他很可能会接掌全军指挥权。

这样一来，整支军队便以如下层级被组织起来。首先，骑兵们被编入骑兵营，营以上为团或千人队，各团被编入人数均等的左、中、右三个师。在统帅指挥下，这三个师将在会战中组成一条战线。除精选军的战队以外，营级部队人数不应超过四百，团级部队人数不应超过三千，骑兵师人数不应超过六千

[①] 译注：攻击部队和防御部队指代的实际上是在一次全体冲锋之后，对敌军进行追击时的部队任务区分。按照莫里斯的看法，追击败退敌军时，即使第一线也仅应以部分部队快速向前推进，其余部队则应跟随在后方提供掩护，以提防敌军重整旗鼓，翻身再战。

或者七千。在军队规模更大的情况下，多余的部队应被布置在三个师以外，或用来组成第二条支援线，或用来保卫各师的侧翼和后方，也可以用来伏击或迂回敌军。师或者团级部队人数不应过多，倘若这些部队过于庞大，延伸距离过长，就很可能发生混乱。

各营人数不应相等，不然敌军就可以通过清点营旗数量轻易掌握我军的规模。不过即使如此，上述的规则也应得到遵守，即各营人数不应多于四百人或少于两百人。

五、营级指挥官应如何挑选下级军官并将士兵编入各行

在全军编组完毕后，营长必须将全营编为若干"行"①。重中之重的是，营长必须挑选出品质优良、勇气出众之人来担任百夫长，尤其是地位仅次于营长的首席百夫长，更应严格挑选。之后营长还要挑选出各位什长，他们必须足够英勇，擅长白刃搏斗，若可能的话还应善使弓箭。伍长和组长的素质也应以此作为参考。最后，营长还应为每行安排两名后卫，以及五名素质优秀的士兵。其余士兵无论老兵还是新兵，都应被分配至各行中。此后，营长应将素质最优的那些士兵，依照相应素质排列，最优秀者位于各行的第一排，其余人相应编入后续各排。

营长应选出两名机警的士兵来担任传令兵，另外还要选出两名旗手。其人选应从各行中挑选而来。如果营中没有随从，较穷的士兵就应被分派去照料驮兽②，每人负责三至四头驮兽。营长还要从普通士兵中选出一位能力优秀者，让他背负一面军旗，引领整个行李纵列或驮兽前进。最后，指挥官还必须决定哪些行应被安排于右翼，哪些应被安排于左翼。

六、应对士兵们宣讲的军规

在各营及下辖各行编组完毕后，什长应带领士兵集合。如果士兵们早已

---

① 译注：即一个纵列。

② 译注：通常而言，贫穷的士兵在装备和训练方面都会比较差，因此常被派作他用。

对法律所规定的各项军规有所了解，那自然很好。可如果并非如此，那么营长就必须准备一份书面说明，在时间充裕的情况下向士兵们宣讲：

（一）违抗伍长或者组长命令的士兵必须受罚；违抗什长命令的伍长和组长，或违抗百夫长命令的什长，也同样要受罚。

（二）若有士兵胆敢违抗营长，即伯爵或护民官的命令，必须受到重罚。

（三）若某位士兵受到不公正待遇，他应向营长申诉。若是他受到营长的不公正待遇，则应向更上一级指挥官申诉。

（四）若某人休假超期未归，他应被开除出军队，并交由民事政府处置。

（五）无论出于何种原因，任何士兵胆敢参与、策划或煽动反对指挥官的阴谋，或是参与兵变，就必须受到重罚，尤其是阴谋或者兵变的领导者。

（六）若某人在受命守卫城市或要塞期间出现背叛行为，或违抗指挥官命令逃离岗位，应被处以极刑。

（七）若某人被发现想要叛逃至敌军阵营，则不仅是他本人，所有知晓此事之人都必须处以极刑，因为这些人同样犯有知情不报之罪。

（八）若什长下令后某人拒不服从，此人应该受罚。倘若此人是因为不知晓命令而无法执行，那么就应以命令传达不周之罪惩处什长。

（九）任何人发现走失的驮兽或无论大小的任何物件，若不将其上报并交给指挥官，都应受到惩罚。不仅此人，所有知情者都应受罚，因为他们也同样犯了盗窃之罪。

（十）若任何士兵导致纳税者①受伤，之后也没有支付赔偿金，这名士兵应受罚支付双倍罚金。

（十一）若有士兵领受相应津贴却没有将其用来购买武器，而什长也没有对他采取强制措施或上报营长，则该士兵及其什长都应受罚。

---

① 译注：在很长一段时间之内，罗马帝国中奉行"当兵者不必纳税，纳税者不必当兵"的制度。莫里斯在改革时曾试图将其取消，但似乎并没有取得成功。

七、应对营长们宣讲的军规

（十二）所有拒绝执行上级命令者都应依法受到惩处。

（十三）任何无故导致士兵受伤的营长都要支付两倍赔偿金，导致纳税人受伤也同样应支付两倍赔偿金。无论在冬季宿营、平时宿营还是行军作战时，无论军官还是士兵，只要导致纳税人受伤而又没给予对方合理补偿，事后必须缴纳双倍罚金。

（十四）在战时，若营长放任一名士兵返乡休假，营长需支付三十诺米斯马塔（Nomismata）[①]罚金。冬季宿营时，营长可允许士兵返乡两个月至三个月；和平时，营长可允许士兵在行省境内自由休假。

（十五）受命防守城市或要塞的营长，倘若在城池尚能坚守的情况下投降或撤退，除非是士兵们的生命受到威胁，否则他必须接受重罚。

在宣讲了这些军规后，营长应将全营集合起来排成战斗队形，而对战时触犯军规者施以的惩罚，也应在此时告知下属。

八、战场上的军规

在全营组建完毕后，还要用拉丁语和希腊语宣讲如下军规：

（一）在全军排列战线或与敌军交战的过程中，倘若士兵有临阵脱逃、私自冲锋、洗劫尸体、私自追击敌军、私自攻击敌军行李纵列或营地等行为，则此人应以破坏队形及背叛战友之罪处死，他所抢劫到手之物也应充公，作为全营的公共财产。

（二）在大规模行动或会战中，倘若我军在没有充足理由的情况下被敌方击退（愿此事永不发生），则整个战线中首先逃跑的那个营，由于破坏战线秩序，并导致全师溃败，应由其他营派出人手，对该营士兵处以"什一律"的刑罚，即十人中抽出一人处死。倘若被抽中的士兵中有人已经在战斗时受伤，则此人应被免除惩罚。

（三）若军旗在没有充足理由的情况下被敌方缴获（愿此事永不发生），

---

① 译注：诺米斯马塔为拜占庭时代的罗马金币，1诺米斯马塔相当于12.6克黄金。

负责保卫军旗之人就应受到惩罚，贬至其所在单位中的最低军阶或见习人员。若这些士兵中有人在战斗中受伤，则应免除惩罚。

（四）倘若全师或全军都被击溃（愿此事永不发生），若战场距离军营不远，而士兵们没有撤进军营并在此据守，反而漫无目地逃往其他方向，这些士兵就应被以抛弃战友之罪受到惩罚。

（五）若士兵在战斗中丢失武器，此人应被以解除自己武装并为敌人提供武器之罪受到惩罚。

九、在没有敌军行动的我方领土上应如何有序行军

在附近没有敌军行动的情况下，一支大军不应被集中在某一特定地区。因为士兵们空闲时间过多时，很可能酿成叛乱或其他不当行为。

即将与敌军交战时，军队无论是以团为单位还是以师为单位，都必须以战斗序列行军①。无论是在我方领土还是在敌军领土，以战斗序列行军对于士兵而言都要更为安全。必须注意的是，各团应将自己的行李纵列布置在自身队列后方，而不能与其他部队的行李纵列混杂②。在敌军距离尚远时，我军应以团或师为单位各自单独行军，而不应将全军集中在同一地区，否则可能很快就会发生饥荒，饲料也难以征发③，同时敌人也很容易估测我军人数。接近到距离敌军大约六天、七天或十天路程之后，各部队便应开始互相靠拢，同时依照本书后面关于宿营的章节之规定，设立军营。

---

① 译注：所谓以战斗序列行军，就是让士兵们组成与横排的战斗序列相同的队形，但所有士兵面朝左翼或者右翼，以纵队行军。只需一声令下，士兵们便可凭借简单地原地转向，迅速恢复战斗序列。

② 译注：这也是让军队能够在最短时间内恢复战斗序列的一种办法。在需要组成战线时，各团的行李纵列只需向一侧移动，便可退出战线。倘若所有行李纵列都被集中在一起，无论是位于全军中央还是后方，都会干扰到军队组成战线的过程。

③ 译注：因为一块地区所能产出的粮食和草料有限，军队在通过某一地区时，需要从当地人手中购买或征发粮食，若通过一块地区的军队人数过多，粮食便会不够用，而必须依靠军中携带的给养或者从后方运输，非常容易出现供应不足的情况。

若我军前往一片地形不明的地区作战，测绘组应前出至全军前方一天路程的距离上，寻找可供宿营之处，并公正地为各师分配驻地。宿营组也应领先全军一天路程，寻找水源和草料来源。

在遭遇破碎地形、峭壁、浓密森林或其他难行的地形时，应派出部分士兵在全军前方尽可能清理或铲平地面，以确保战马不至于过分疲劳。负责此事的士兵，不应从侦察部队或其他特殊部队中抽调。

军队行军时，将军本人应位于军队前部，并将精选士兵置于自己身前作为荣誉前卫。这些士兵应拥有备用战马及表示自己作为将军家臣的旗帜。紧跟在统帅后方的则是佩剑侍从（Spatharioi）和其余亲兵，再后方便是他们的行李纵列。各师、团指挥官无论是单独行军还是与大军一同行动，都应以同样方式安排行军纵队。

在未知地区遭遇渡口或其他天然障碍时，宿营组应在全军前方进行侦察，并在对当地进行初步侦察后向将军汇报地形情况，之后由合适的军官来安排渡河等事宜。若该地的地形过于难行，将军则应脱离行军纵列留在后方，直到全军安全通过后自己再随军进发。不过只要附近存在敌军，统帅便不应如此行事，而改由各师的师长监督属下部队安全前进。倘若不做这种安排，士兵们便会争先恐后地想要先行通过，而这只能造成混乱和伤亡。

行军时必须注意保护耕地，不可随意穿行，也绝不能给纳税人造成任何损失。若情况特殊，军队不得不穿过耕地时，将军便应命令各团长或营长留在后方监督手下各营通过，直到将耕地安然无恙地交接给下一位指挥官之后，他才能离开此地。在他之后的各位指挥官也要依此行事，只有这样，将军才能保证军队秩序以及农民的安全。

有时军队穿行的地区十分荒凉，士兵可能沿路遭遇或吓跑野兽，此时必须禁止士兵追杀这些野兽，因为追杀野兽所能带来的不仅只有噪音和混乱，还会无谓消耗战马的体力。不过在和平时期，士兵们有必要进行狩猎的训练。

在军队规模较小时，将军应尽可能躲过有人居住的地区，选择其他路线行军，无论居民是敌是友。这样一来，军队便有可能躲过间谍的监视，使敌军无法获得我军情报。

骑兵战斗队形

第二章

一、排布两条战线的作用和必要性

在一场大规模骑兵战中，倘若一位将军将全部骑兵都排进一条单独的战线，没有留下任何预备队来应对可能出现的各种情况，那么此人肯定要算是有勇无谋。会战并不像门外汉所想象的那样，单凭人数、勇气或单纯的进攻就能获胜。上帝在上，会战必须凭借战略技巧才能获胜。战略让我们能够利用时间和空间，出敌不意地使用各种智谋，不战而屈人之兵。对战略艺术的熟练运用，不仅是在战争中幸存的必要技能，也是一位智勇双全之将的主要特点。这种技艺不仅让将军们能够维持军队的秩序和协调，能在变换战斗队形或发动进攻时保证军队安全，而且还能让将军免受敌军诡计的威胁，甚至还可能将计就计，利用敌人的诡计来对付他们。正是在考虑这些因素后，先代的军事学者们才将军队编成了团、师或者战团[①]，并像今天的阿瓦尔人和突厥人那样编组成拥有两条战线的战斗队形，以便任何位于第一线的单位在即将支撑不住时，都能很快得到支援。无论是罗马人还是波斯人，都不会将军队仅排成一条战线，那样无疑相当于将数以千计的骑兵命悬一线。正因为如此，罗马人和波斯人才将部队排成两条战线，有时甚至是三条，为各部队提供足够的纵深，尤其是在军队人数庞大之时。只有这样，军队才能够面对任何情况。在我们看来，将所有骑兵全部排列进一条战线，无异于自取灭亡，而这一点在军队仅拥有枪骑兵

---

① 译注：莫里斯用"战团"指代不排成正规阵型的骑马散兵，其规模相当于一个骑兵营或战队。

时尤为突出。在军队人数较多的情况下，仅排一条战线会导致战线过长，部分士兵必定会被布置在不适合作战的地形上，而战线过长本身也会导致部队秩序混乱，难以驾驭。这样一来，各单位之间便很难协调作战，战线在与敌军接战前就很可能自行破碎了。倘若遭遇敌军迂回或者奇袭，单条战线会因为缺乏预备队来保护第一线，其后方和侧翼也完全没有掩护，只能依靠前线部队掉头来对付这些威胁。

不仅如此，在实际战斗中，倘若战线延伸过长，那么全军的指挥官便无法准确掌握整个会战的情况，不少士兵也能够借此机会，在无人注意的情况下逃出战场，从而给其他士兵留下撤退的借口。一旦士兵们真的开始撤退，便再没有人能够阻止他们逃跑或者让他们重整旗鼓，因为在仅有单条战线的情况下，第一线的撤退即相当于全军溃败。在某些情况下，那些仅排出一条战线的部队似乎也能获得会战胜利并将敌军击退，但他们在与敌军短兵相接时阵线必然也曾四分五裂，追击也只是在混乱中进行。如果撤退之敌在此时像西徐亚人经常做的那样，调转方向反扑追击者，又或者其他军队突然伏击了追击者，则追击者必将被迫逃跑，因为军中已无人能够阻挡这些奇袭。将全军排入一条战线，乍看之下似乎也会带来一个优势，但实际上这个优势也仅仅是流于表面。这个优势所指的是，当敌军从远距离观察时，可能会认为我军规模十分庞大，而且这种阵型似乎也很容易包围敌军[①]。而实际上，这种包围行动同样也可以用后文中我们将要介绍的办法来完成。我们相信，只要人类理智尚存，就能找到大量极具说服力的理由来支持后文图示的双线阵型（其中一条为支援线）。首先，在知道自己背后拥有第二线保护，侧翼拥有侧卫保护的情况下，第一线士兵会更英勇地战斗。其次，在知晓背后还有第二线的其他士兵时，第一线士兵也不容易临阵脱逃，因为背后的士兵能够清楚地看到是何人逃跑。实战中，这一点往往非常重要。在第一线撤退或者被敌军击退时，第二线可以支援第一

---

① 译注：将所有骑兵都排进同一条战线，乍看之下似乎能够加强部队在第一次冲锋时的冲击力，但事实上并不一定会产生效果。因为在战线过长的情况下，并非所有部队都能在冲锋时与对方接战；而若是采取增加纵深的方法来将部队排进一条战线，由于骑兵之间无法像步兵那样靠后排推挤前排来加强冲击力，因此后排骑兵也会毫无用处。莫里斯在后文中也将对此做出解释。

线或为其提供掩护。这样一来，将军便可以在战场上重新集结部队，打退一度击败自己的敌军。而我们在追击敌军时，也可以确保自身更加安全。当敌军反扑时，倘若有来自其他方向的奇袭，第二线便可坚守阵地，加入到战斗中，确保第一线安全。不仅如此，即使在第一线完全溃败、无法重整旗鼓时，第二线也仍能保持优良的秩序，趋前与击溃了第一线的敌军交战。如前所述，此时的敌军因先前的战斗必然已经阵线脱节、秩序混乱，而第二线生力军所要面对者正是这样的敌人。采用两条战线最具说服力的理由，事实上并不在于与数量相近的敌人交战，而在于与数量比自己更多的敌人交战，其原因也将在后文的图示中加以解释。

可能有些人会辩解说，如果第一线已经陷入混乱并被击退，那么第二线也很可能会被撤退的第一线冲乱。我们对此的回答则是，如果连拥有两条战线都无法挽回败局，那么如果我军只有一条战线，而这条战线又已经崩溃，我们又能做什么呢？反对者还会说，把军队分成两条战线，肯定会因分兵而导致战斗力削弱。倘若分兵之后，一半军队便不再参与战斗，那么这种说法就是有道理的。可事实上，我们只是改变了军队的阵型，而并非真正意义上的分兵。我们只是将原先那支排成一条漫长而又薄弱战线的军队，重新排列成了两条战线，并没有让任何部队退出战斗，只是改变了部队配置，以便按照我们的办法，增强军队战斗力。

二、战线中各营的部署

如上所述，一支由骑兵组成的军队，无论规模大小，都应被编组成若干骑兵团、骑兵师，或者大小不等的战团。毫无疑问，将军们必须尽可能发挥自己的智慧，避免与一支人数远远超过自己的敌军正面会战，尤其是敌方民族在作战时也同样拥有严明组织和严格纪律的情况下。如果我军由步兵组成，便应如本书后面相关章节中所描述的方式布阵。若我军完全由骑兵组成，而敌军也同样为骑兵部队，便应将部队排列为三条战线。被称为"前锋"（Promachos）的第一线应被等分为三个师，每师拥有三个团。中央那个师的师长由副将担任，左右两翼的两个师由另两位师长负责指挥，三人都应位于手下团长之间的中央位置。

三、攻击部队与防御部队

各师中负责进攻和防御的部队比例，应以位于两翼的三分之一部队负责主攻，这些部队最好是马弓手，而位于中央的三分之二则负责主守。

四、侧卫和迂回部队

作为经常被敌军包抄、迂回的一侧[1]，左侧骑兵师应在自己的左翼部署两到三个战队作为侧卫，其正面位置与全师齐平，而右侧骑兵师则应在自己的右翼部署一到两个战队的马弓手作为迂回部队。被称为支援线的第二线拥有全军三分之一的兵力，组成四个师，依照后文中的图例布置，互相间隔一箭[2]射程的距离。另外，这几个师还应做好两面作战的准备，随时应付来自后方的攻击。第二线两翼的两个师，也应该各自分派一到两个战队，将其布置在自己背后一箭射程的距离上作为第三线，也就是后卫。为确保第二线各师在前进时能够始终保持正面齐平，而且不会因互相之间距离过大而发生混乱，师与师之间应布置一个战队或更多部队来覆盖整个间隔空间，这样还可以让第二线看上去像一条完整的战线一样强大。依照军队规模的大小不同，这些填补间隔的骑兵应有至少两排纵深，理想情况下应有四排或更大的纵深。在第一线部队需要从间隔中撤退，寻求第二线保护时，这些部队便应后退到后卫线上，以便空出间隔供第一线撤退。这样一来，他们不仅能够为撤退部队留出空间，还可以阻止那些想要退到更后方的逃兵。更重要的是，在退至第三线后，他们便可以协助后卫们抵挡后方敌军对第二线的骚扰，以确保支援线的完整。在我军人数只有中等规模，也就是五千至一万或一万两千人的情况下，第二线应组成两个师而非四个，二者之间仅为撤退部队留下一条空当。若全军人数不足五千，则第二线仅组成一个师即可。

---

① 译注：在罗马时代之前，希腊军队有将精锐部队布置于右翼的习惯，在会战时往往也会利用精锐部队所在的右翼去迂回对方左翼，其中最显著的代表便是亚历山大大帝。莫里斯作为一位讲希腊语的罗马人，很可能是因为阅读了大量希腊时代留下的战史，才得出了这一结论。因为在罗马时代，迂回与被迂回的方向并不是这样固定的。

② 译注：在莫里斯的时代，"一箭"距离相当于300步，即280米左右。此处所指者为弓箭的最大射程，而非有效射程。

五、对敌军后方或侧翼的伏击

除上述部队以外，我军还应在两翼之外，分别布置三到四个战队的伏击部队[1]，具体布置方法本书另有介绍。伏击部队不仅用来防御敌军对我军左翼的伏击，而且在合适的地形环境下，也可以用来伏击敌军右翼。值得注意的是，在适当时间对敌军侧翼和背后发动进攻，要远比正面冲锋更具效力和决定性。倘若敌军规模比我军更小，则这种出其不意的攻击很可能会给敌军造成巨大伤亡，因为其部队在正面受挫撤退时将难以找到安全位置进行重组。即使敌军人数与我军相当或是超过我军，对方也会陷入巨大困境，并产生伏击部队人数众多的错觉。除非必要，一支小规模军队不应与组织齐整且人数占优的敌军正面作战，但在不得不挺身而战时，即使敌军数量占优，我军也绝不能将所有部队全部集中在正面，而应对敌侧后发动进攻。无论在任何情况下，面对任何敌人，哪怕敌军数量比我军更少，单纯的正面交战都将会十分危险，而且胜负难料。

总结而言，全军所有骑兵营都应按照上述方法排列成两条战线，尤其是在军队规模较大的情况下。全军应被分划为防御部队、攻击部队、侧卫、迂回部队、伏击部队、支援部队以及后卫。

六、阵型纵深

在阵型纵深这一问题上，正如古时的军事学者们所言，各骑兵营只要排成四排便已足够，更大的纵深并无任何意义。这种说法的起因在于，骑兵不像步兵那样，可以由后排士兵推挤前排士兵，使前排士兵不得不继续前进。战马不可能用自己的头颅去推挤前排另一名骑兵，位于第一排的行长[2]也不可能得到后排士兵任何帮助，无论是枪骑兵还是马弓手都是如此。第四排之后的骑枪无法伸到第一排骑兵前方，马弓手受前方人员阻挡，也只能采取高抛的方式弯

---

① 译注：此处的伏击部队并非上述的侧卫和迂回部队，而是独立于主力战线之外，位于更远位置的两支部队。

② 行长指各行第一排的那名士兵，即什长，他也负责担任其背后整行十兵的指挥官。伍长则排列于各行第二排，事实上充当着副行长的职责。无论什长还是伍长，指挥的实际人数通常都并非十人或者五人，这两个头衔已经仅限于名称。

弓射箭，导致他们射出的箭矢无法杀伤敌军。所有怀疑这一看法的人们，最终都会被实战经验所说服。因此，四排纵深确实已经足够。

可无论如何，能够作为行长胜任残酷白刃战的出色士兵，无论在哪个营中数量都很有限，因此也有必要依照各单位类型的不同，适当调节阵型纵深。若是位于第一线中央的蛮盟①部队，应以七排的纵深排列，若有随从伴随作战，每列后方还应安排一名随从，什长也应以指挥七人为准。位于他们左侧的鹰旗分队（Vexillation）所属各行也应该以七排纵深作为一列，蛮盟部队右侧的伊利里亚分队（Illyrikian）则应为八排纵深，其余中等素质的部队则应以八至十人为一列。若第一线部分骑兵营素质平庸，由于其战斗力相对较弱，也应将其排成八至十排纵深。与此相对，精选军由于士兵挑选自各部队精英②，而且通常会被布置在第二线，因此其各营纵深只要五排普通骑兵，再加上两排武装侍从即可，一列同样也是七人。即使布置于第一线时，精选军各营也应维持上述的纵深。完全由外族组成的部队应按照各族原有习惯进行布置。通常而言，这些部队在被当作攻击部队或伏击部队时更有优势。

综上所述，无论士兵素质如何平庸，一个骑兵营的纵深也不应超过八排或十排，而即使是最精锐的部队，也不应少于五排。上述布置方式和纵深已经是最为适当的，第一线的长度也绝不能被削减得太多。时至今日，将各营一律排成十排纵深的错误做法依然常见。这就导致当全军列好战线接受检阅时，由于所有部队的纵深一致，故军间谍只要清点我军有多少列，便可很快地估算出我军人数。

未列入第一线的部队将组成第二线。如上所述，精选军拥有部分武装侍从，蛮盟部队则拥有随从。

七、行

各行中青年士兵和老年士兵应以适当比例搭配编组，若不如此，完全由

---

① 译注：蛮盟指代那些整个部落加入罗马部队的蛮族。在受提比略二世皇帝之命负责重整军队之时，负责指挥全体蛮盟部队的，正是拥有"蛮盟伯爵"头衔的莫里斯本人。

② 译注：其挑选范围仅限于蛮盟部队，并不包含罗马本族士兵。

老年兵组成的行战斗力可能较弱，而完全由青年兵组成的行则可能会因缺乏经验而陷入混乱。

八、武器

骑兵使用的武器应有如下述：第一排的行长和他背后的第二排，以及最后一排的骑兵全部都应使用骑枪。位于中间的其余各排中，擅长使用弓箭者应作为马弓手，不带盾牌。马弓手若是在左臂上佩戴了盾牌，便不可能再有效地射杀敌人。

九、医疗兵

除上述人员以外，各营应分派八至十名武艺不够精湛的士兵担任医疗兵，第一线部队尤其应该如此。医疗兵们必须头脑机警、反应迅速。他们应轻装上阵，不带武器。医疗兵应跟在自己所属的骑兵营后方一百尺距离上，收容并救援那些身负重伤、落马或因其他原因退出战斗的人员，以免他们被第二线部队踩踏，或是因伤口得不到救治而死亡。每救出一人，医疗兵都应从公共资金中收到一诺米斯马塔的额外奖金。另外，当第二线通过之后，若敌军被击退，医疗兵也负责搜刮先前战斗中阵亡敌军身上的财产，并在战斗结束后将战利品上交给各自所属骑兵营的什长，也就是行长们，而他们自己也会从什长那里得到一份战利品作为奖励。在取得胜利的情况下，我们将这些战利品视为对什长的合理奖励和津贴。因为他们在接战时所负担的战斗压力要比其余任何人都更多，而且他们也不能在战斗中破坏阵型，下马去自行搜刮战利品。

为方便医疗兵和伤员上下马，医疗兵的战马应将两个马镫全部安装在马鞍左侧，其中靠前的一个安装在通常马鞍所在位置，另一个则位于其后方。另外，医疗兵还必须携带水壶，以免伤兵因脱水而死。

十、骑枪的飘带

我们并不建议战斗时在骑枪上装饰飘带，虽然飘带在检阅、围攻和游行时能够显示出威武的军容，但在战斗中却毫无用处。无论骑兵想要将骑枪投掷出去，还是用骑枪刺杀敌军，飘带都只能降低攻击的准确性和投掷距离。而在使用弓箭射击时，飘带也会干扰后排马弓手的火力。更有甚者，无论在冲锋还是后退抑或转向时，飘带都会造成巨大的麻烦，而这也正是我们认为战斗时不应在骑枪上装饰飘带的原因。想要同时维持军容并保证骑枪使用方便也并非不可能，只要在距离敌军一里的时候再将飘带摘下，将其卷好放在收纳袋里即可。

十一、侦察兵

另外，精选军和蛮盟部队各营都应拥有两名侦察兵，由普通士兵组成的骑兵师则应配属八至十二人。这些人必须头脑冷静机警、身体健康、视力出众。从会战开始直到结束，侦察兵应始终依照地形部署在各部队的空当之间，时刻注意敌我双方各单位的行动，以免我军遭到伏击或落入其他任何圈套。

十二、测绘组和宿营组

军队中还应配属一定数量的测绘人员，与宿营组一同在军队前方行动，划定宿营区域。另外，军队还应分派数量与之相当的部队负责额外的宿营准备工作，与测绘组、宿营组一同在前行动，他们除负责对行军道路进行侦察以外，还负责带领军队前往宿营地。

十三、各单位及战线之间的距离

当军队按照上述规则，以及后文的示意图列成战线之后，第一线的三个师有必要尽可能互相接近。各师之间的距离和空当不应太大，以各师在前进时不会互相干扰，并且也可以清晰分辨出各师区别为限即可。在接近敌军之前，侧卫应尽可能靠近第一线，接近敌军后则应向外移动到距离左翼骑兵师一箭射程之处。侧卫与第一线主力的距离绝不能比这更远，尤其在敌军战线长度超过我军的情况下。右翼的迂回部队与第一线主力的距离也应与此相同①。第二线

---

① 译注：事实上，左翼的侧卫部队和右翼的迂回部队，无论在编成还是运用方式上都没有太多不同之处，将左侧视作防御之用，右侧视作进攻之用，完全是故意将二者区别开来。在实际作战中，两支部队所担负的任务几乎完全相同，而在罗马人的不少内战之中，双方均从左翼尝试去迂回对方的情况也并不罕见。

各师互相之间应相隔一箭射程。在接近敌军之前，根据地形的不同，第二线应保持在第一线后方一里或更远的距离上。这样一来，我们便能尽量让第二线保持在敌军视线之外，使敌人无法依照我军阵型调整自己的部署。当敌军接近并发现第二线之后，他们已经没有时间再调整自己的阵型，此时第二线就应该推进到距第一线四箭射程的距离上，并不断调整行动步调来保持这个距离。只有这样，第二线在会战中才能既不会因距离过远而无法为第一线提供支援，又不会因距离过近而与第一线混杂在一起，而这些情况在尘土飞扬的战场上是极易发生的。若是距离过近，在需要第二线发动进攻时，追击我军第一线的敌军可能尚未发生混乱，撤退的第一线也可能仍在混乱中，无法与第二线配合行动。第二线后方两翼的各营也应与第二线保持一箭射程的距离，以保护其后方。

十四、军旗的尺寸和种类

骑兵师下辖各营应使用相对较小，且容易携带的军旗，而不应使用过大、过于笨重的军旗；仅有长条旗应使用较为特别的图案。与之相比，团长的军旗应更大一些，并使用不同的形状或图案。同理，师长的军旗也应与下属各团长有所区别，副将的军旗应与师长有所区别。至于将军本人，则应使用最为特别也最为显眼的军旗，以便全军上下都能够牢记这面将旗。这样一来，当某些部队被迫撤退时，他们便能够在这面军旗周围重整旗鼓。

十五、护旗人员

在全军依照后文图示，将所有军旗沿战线排列好之后，每个营都应分派十五至二十名最优秀的士兵来保护军旗。

十六、军官阵位

高级军官应始终保持在安全的位置上，以免他们随手下一同冲锋并战死沙场。倘若高级军官阵亡，士兵们也会丧失勇气。若只是一名低级军官阵亡，可能除他所在的营以外，其余任何人都不会知道此人已死。但如果是地位显赫的军官阵亡，整支军队或至少大部分士兵都会知晓此事，并因此而产生动摇。因此当军队接近到距离敌军战线仅剩一箭或两箭射程之时，副将和师长们应后退至与军旗齐平的位置上，并在这里监督、整理阵型。发动冲锋之前，原先位于师长们两侧的精选卫兵应移动到师长前方组成一道屏障，由他们来代替师长进行白刃作战。将军本人的职责是在冲锋开始前根据敌军动向来调整、引导并督促手下士兵的行动。冲锋开始之后，将军便应回到自己所在的骑兵营中，不参与战斗，而是作为一个显著标志引导第一线和第二线的行动。

十七、军号

我们并不建议在战斗中吹响太多支军号，因为军号会互相干扰造成混乱，导致命令无法有效传递。在地形平整的情况下，两条战线各自只需一支军号便已足够，号手则应位于各自战线的中央位置。如果地形起伏较大，或遇狂风大作，又或是战场上有水流等噪音，导致士兵们难以听清号声，各师便应各自派出一名号手。在这种情况下，整个第一线将拥有三名号手。战场上越是安静，年轻士兵便越容易保持镇静，战马也不至于过于兴奋。敌军则会对我军战线愈发恐惧，命令也更容易传达。考虑到上述原因，当两军展开行动后，我军便不应再发出任何不必要的噪音。

十八、战吼的使用场合

士兵在发动冲锋前通常都会发出的战吼（Nobiscum），在我们看来是极为危险而有害的。在冲锋时高声呐喊，很可能导致战线破裂。在战吼声的影响下，那些胆小的士兵很可能会在短兵相接之前对白刃战感到恐惧，行动犹豫不决，而那些胆大的士兵则会因呐喊而变得冲动，鲁莽地向前冲突，破坏队形。同样情况也会发生在战马身上，因为它们的脾气也一样各自不同。这样一来，整条战线便会因行动不协调而丧失凝聚力，甚至可能在冲锋发起之后便自行破裂，这是极为危险的。

士兵们不应在冲锋时呐喊，而应该在会战当日跨出营门前进行祈祷。他们应在牧师、将军和其余军官们的带领下，一齐反复吟诵"求主怜悯"（Kyrie Eleison）。各师在走出营门时则应分别三呼"上帝与我同在"（Nobiscum Deus）。当全军离开营地，列好战斗队形后，便应保持绝对的安静，任何人绝不应在没有必要的情况下开口讲话。只有这样，军队才能更好地保持秩序，军官们下达的命令也更容易传达。冲锋时的决心，则由收紧队形以及敌军在面前出现等外部环境来体现即可，无须其他表达方法。而当我军与敌人短兵相接之后，士兵们，尤其是位于后排的人员便可以自由地呐喊或者欢呼，以此来动摇敌军，鼓舞战友。

十九、传令官

在我们看来，传令官是非常有用的。会战前，他们应对士兵进行演讲，鼓舞士兵，使他们记起曾经的胜利。在他们的演说结束后，各营便应排列成战斗队形，准备作战。

二十、使用两面军旗的意义

由于敌军通常会依据清点出的营旗数量来估算我军规模，所以我们认为有必要让每个骑兵营准备两面相同的军旗，其中一面跟随作为营长的伯爵或护民官行动，另一面则交给首席百夫长。在会战日之前，各营应以同样规格的仪仗来保护两面军旗，而在决战当天，各营只应携带营长那面军旗。若战场上的军旗数量过多，不仅会造成混乱，更可能导致士兵们无法辨认出自己所在单位。依照这种办法，敌军可能会高估我军数量，而会战当天我军也不会发生混乱。人员缺额严重的骑兵营，由于人数过少，无法保护军旗，而且军旗数量过多又会导致全师发生混乱，因此他们不应在会战中携带军旗，而应与另一个骑兵营共同在后者的军旗下战斗。不过无论如何，一个营级单位的人数绝不应少于二百人或多于四百人。

骑兵营的阵型

第三章

一、阵型示意图中使用的图例

军旗；		什长，使用骑枪和盾牌；	

军旗；

营长；

号手；

旗手；

百夫长/首席百夫长；

使用任意武器的骑兵或步兵。

什长，使用骑枪和盾牌；

伍长，使用骑枪和盾牌；

第三排的骑兵，使用弓箭，不配盾牌；

第四排的骑兵，同时配有弓和盾的后卫；

第五排的骑兵，使用弓箭，不配盾牌；

二、拥有三百一十人的骑兵营阵型

　　下图为一个骑兵营列好战斗队形并开始前进时的阵型。此时骑兵应保持疏开队形前进，以免因互相拥挤导致己方在接敌前便已筋疲力尽。骑兵间的间距应允许一名士兵任意拨转马头，转向后方。若想以这种队形前进，营长应下达"以疏开队形前进"的命令，率领士兵保持下图中的队形，缓步接近故军。

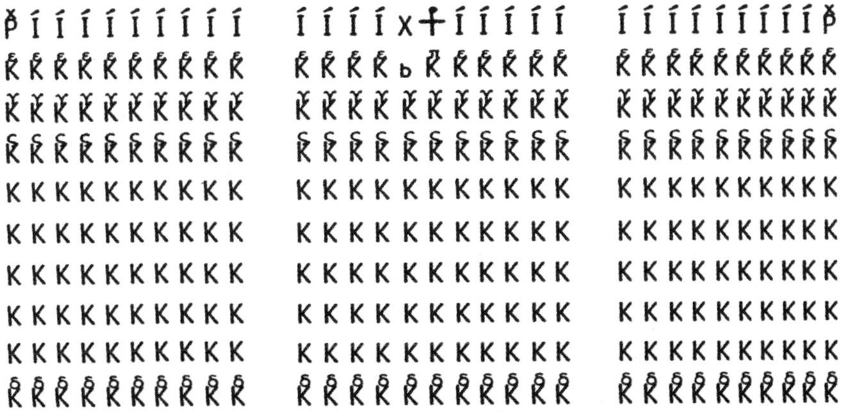

三、同一个骑兵营向中央靠拢后的示意图

在接近到距离敌军约一里后，营长应将骑兵们从两翼向中央收紧队形，并下达"向中央靠拢"的命令。之后骑兵们便应向中央靠拢，以下面示意图中的队形继续向敌军前进。

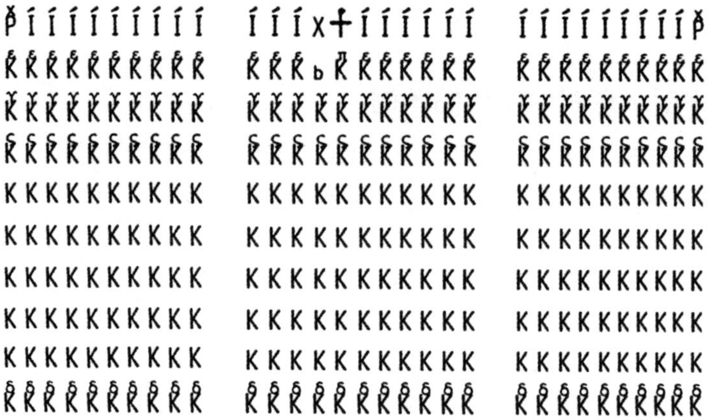

四、同一个骑兵营向中央及向前靠拢后的示意图

距离敌军仅剩三至四箭距离时，营长应视情况让部队同时从两翼和后方向前靠拢。营长此时应下达"密集队形"命令。之后，骑兵们应在前进过程中逐渐靠拢，马弓手开始放箭，同时整条战线都按照下图所示的密集队形展开冲锋。

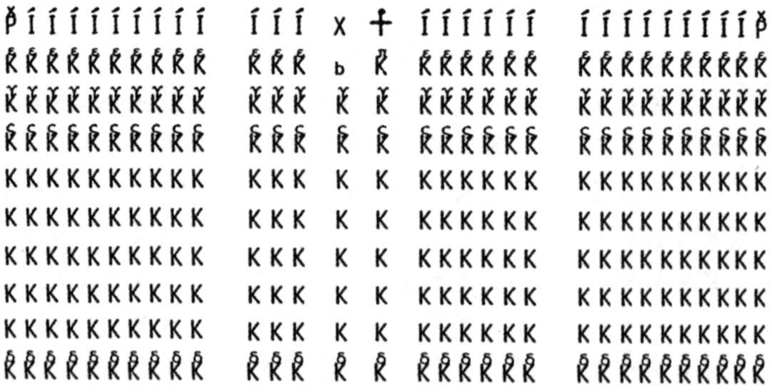

疏开队形

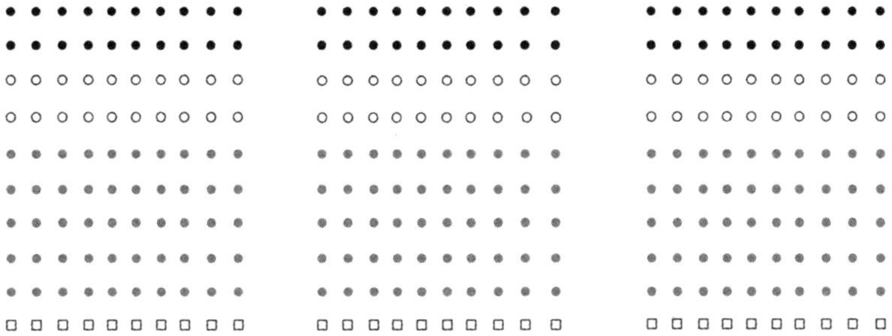

向中央靠拢之后

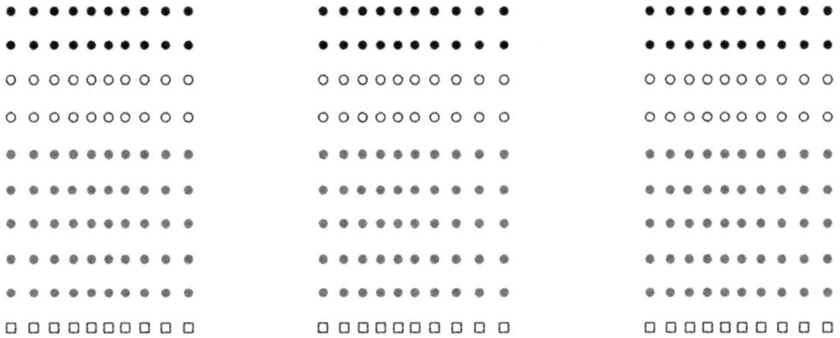

向中央及向前靠拢之后

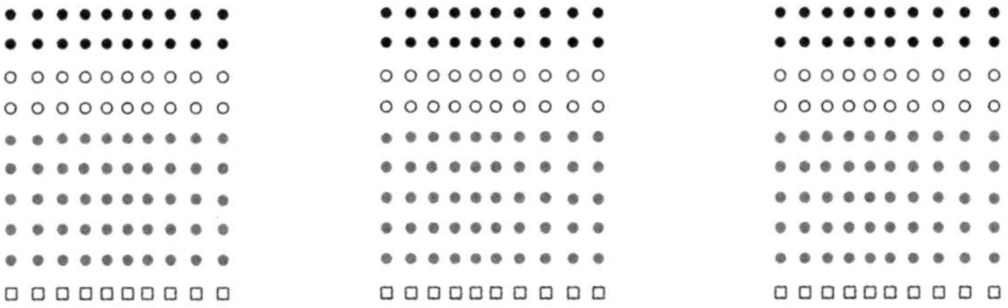

- ● 枪骑兵
- ● 任意武器的骑兵
- ○ 马弓手（无盾牌）
- □ 马弓手（有盾牌）

◎ 原文图例由于古代纸张和绘制方法原因，无法清晰说明两次靠拢之后阵型的具体变化情况对比，因此附上一张新绘图示加以说明

五、骑兵营的操练方法

当骑兵营列好队形后，传令官应首先向士兵们传达如下命令："作战时一定要保持安静，既不能后退，也不能向前超过军旗，而应与全军正面保持齐平。始终盯紧军旗，与战友一同紧随军旗行动。只有这样，才是一位勇士应有的表现。如果你置军旗所在位置于不顾，那么你便不可能获胜。士兵们，一定要紧守自己应有的阵位，旗手也要注意自己的位置。无论是在与敌军激战时，还是追击敌军时，都不要鲁莽地冲出队列，导致队形混乱。"

骑兵们无论是处于立定状态，还是正在前进，都应在一声令下之后，或立刻开始前进，或立刻停下脚步。营长希望部队前进时，应以希腊语下令"前进"（Kineson）。除口头下令以外，营长还可以用号角或骑枪上的飘带来向部队示意。部队开始前进后，倘若营长希望部队停步，则应以"停止前进"的口令、敲击盾牌、做出手势或军号等方式下达命令，骑兵营收到命令后应立刻停止前进。

要以疏开队形前进时，营长应下令："以疏开队形前进！"要按照上文图示以最精准的行动收紧队形时，营长应下令："向中央靠拢！"什长下令："向什长靠拢！"伍长则下令："向伍长靠拢！"之后骑兵们以旗手为准从两翼向中央靠拢。这样的操练不仅应在营级部队展开，也应在师级部队进行，因为这种机动可在保持良好秩序的情况下迅速收紧队形。什长在互相靠拢时，组长和后卫也相应调整位置。只要他们能准确完成机动，便能阻止前方士兵临阵逃往后方。

一旦营长下达"向前靠拢"的命令，士兵们便应从后方靠拢前排士兵，准备冲锋。在全营组成密集队形，尤其是向中央和向前靠拢都已经完成后，马弓手便应开始放箭，而营长也应下达"冲锋"命令。什长和伍长向前倾斜身体，用盾牌保护自己的头部和战马的一部分颈部。与此同时，他们也应以浅发蛮族的持枪方式，将骑枪举起至肩膀高度。在盾牌保护下，骑兵们应以良好秩序前进，冲锋速度不应太快，而应以快步①进行，以免冲锋势头过猛，导致战线在与敌军接战前便发生破裂。冲锋过程中，所有位于后排的马弓手都应放箭射击敌军。

---

① 译注：马匹的步伐由慢至快分为慢步、快步、跑步以及袭步，快步仅为第二级别的速度。罗马人认为只凭蛮勇并不能获得会战胜利，因而极为强调纪律和冲锋的协调性。而这也是为何拜占庭骑兵的马匹、盔甲等虽然比西欧骑士更重，但其冲击力却远不如后者的原因之一。

追击敌军时，骑兵有时应以疏开队形冲锋，有时则应采取密集队形。在使用疏开队形的情况下，营长应下达"袭步冲锋"的命令，并以最快速度奔袭一里的距离。在使用密集队形的情况下，则应下达"紧随前排"的命令，由行长带领骑兵保持着密集队形展开追击。

若想要先向后退却一段距离之后返身再战，这种情况下，倘若希望以疏开队形后退，营长应下达"后退"命令。之后骑兵应以袭步向后方组成了密集队形的友军方向退却一箭或两箭射程的距离。当营长下达"转身对敌"的命令后，士兵们便应转过头来重新面对敌军。我军应经常操练这种机动，不仅操练向前冲锋，也应练习向右翼或者左翼冲锋，甚至还要练习向第二线所在方向退却。在后一种情况下，部队应练习如何在第二线各师的空当之中或是两条战线之间的空间中重组部队，并以非常规的队形向敌军发动冲锋。操练过程中，骑兵应尽可能高举骑枪，而不能举得过低或者指向两侧，以避免妨碍马匹活动。

作为侧卫和迂回部队所必须熟练掌握的一种机动，在想要秩序井然地向左或向右改变正面时，指挥官应首先下令："向左改变正面！"（若向右转则为"向右改变正面！"）之后骑兵们便应转向。若仅有一个营参与这一机动，那么该营简单地自行转向即可。若有多个营参与机动，则应以某一营首先转向，其余各营跟着移动到与其正面齐平的位置。

无论是由士兵各自原地转向，还是由整条战线整体调转方向，各单位都可能需要向后转向。若是在敌军小部队突然从后方发动攻击时，则应下令："转向后方！"此时士兵们应在原地转向后方，仅有军官和旗手需要将位置移动到原先各营的后方。若背后出现大批敌军，则应下令："调转方向！"此时全军将以战队为单位，调转正面方向。

在以营为单位进行操练时，绝不应仅限于图示中的那些队形，因为它们仅适用于大规模冲锋的情况。在它们之外，还应操练一些非正规阵型，例如先向前推进，再转而展开各种环形机动；或者先后退再转向，之后再对敌军发动突然进攻；抑或快速支援其余陷入困境的友军；等等。若这个营已经熟练掌握了这些操练，他们便做好了以密集或疏开队形应对一切情况的准备。只要上述训练都能够妥善进行，士兵们也逐渐熟悉了这九种机动中的全部或大部分，各营便足以面对各种紧急情况了。因为他们已经熟悉了所有阵型，无论他们需要以疏开队形还是以密集队形与敌军战斗，无论是作为侧卫还是作为迂回部队，都可以顺利行动。毫无疑问，各营还必须经常与其余单位配合训练，以模拟在完整战线中行动的情况。但与此同时，又不能向敌军暴露我军实力。因此除实际会战以外，我军绝不能以全部兵力将整条战线列好进行训练。在训练时也绝不能排出分为第一线、第二线、侧卫、迂回部队、以非正规阵型隐蔽行动的埋伏部队的全部作战序列。这套作战序列相对来讲更接近于战略层面的部署，而不是一个战术问题①。因此各部队的具体配属，也不应在训练时便提前决定，而应在面对特定情况时再行决定。

无论操练是以营级、团级、师级还是第一线全部单位一同进行，士兵们都应被分为三个部分。在某营单独进行训练时，大部分士兵应被排成疏开队形，而在他们两侧则应各有十名士兵以密集队形排成纵列，剩下的少数士兵（假设十人）则应被布置在对面，代表敌军所在，以使其余士兵们能够拥有明确的冲锋方向。骑兵们开始前进之后，排成疏开队形的部队与两侧排成密集队形的友军脱离开来，并好像真的在与敌军作战一样快速前进。稳步前进一至两里之后，再向后退一半的距离，并向左右两侧进行三至四次快速冲锋，之后便转向后方。当他们以袭步退至两侧密集友军之间的初始阵位之后，全部士兵们应一同前进，模拟对一支正处于追击态势的敌军进行追击。

这些操练同样应在团一级展开。部分骑兵营以疏开队形排列，部分骑兵营以密集队形排列。在一轮训练之后，各营交换位置，原先以疏开队形训练的骑兵营改为密集队形，原先以密集队形训练的骑兵营则改为疏开队形，并最终达到各营在必要时均可以适应任何角色的程度。师级单位或第一线、第二线分别训练时，也应以同样的原则为准。在数个战队同时以疏开队形进行环形包围行动的训练时，由于军队会被分成两部分互相对冲，交汇后一部分在环形的外侧，另一部分在环形的内侧，因此指挥官需要以最大的谨慎来避免骑兵之间互相碰撞。

---

① 译注：在罗马和希腊时代，"战术"一词更多指代着固有的队形操典，即近现代所谓的"小战术"层面。而"战略"则指代"将道"，即将军的指挥艺术。其中既包括近现代意义的"战略"层面，也包含"大战术"，即会战战术层面。莫里斯在此处说全军的作战序列更接近于战略层面，而非战术层面，意思是，全军战斗序列的安排，并不属于操典层面的问题，而应由将军依据情况自行调整、确定。

侧卫、迂回部队以及那些被配属给他们的非正规部队必须单独进行训练。当敌军战线两端长度均超出我军时，这些部队便应被布置在与战线齐平的位置上，保护战线不被敌军迂回。另外，他们还应接受适当的包围和迂回机动训练，以便在敌军战线长度小于我军或与我军相当时攻击其侧后。一部分骑兵（假定为一到两个战队）应排成一排，列在他们对面扮作敌军。这样一来，侧卫在确认了敌军战线长度后便可首先对其进行迂回，之后再由隐藏在他们之间的非正规部队发动突然袭击，迅猛地攻击敌军背后。

这些机动都十分简单，既可以各营单独练习，也可以集合几个营一同训练，并且还不会暴露我军战斗序列。它们不仅应在平原练习，也应在碎地、山地甚至陡坡上练习。即使天气炎热，也应进行训练，因为无人可以预料战争中会发生何事。后续章节中所述的机动并不如上述那些重要，但同样也应被记录下来，并由团长和营长加以实施。

六、骑兵师阵型及其图示

ん 师长；

ん 团长；

ん 蛮盟侍从。

十 列成疏开队形的战队；

♂ 列成密集队形的战队；

蛮盟骑兵师阵型

排成疏开队形的 骑兵团	排成密集队形的 骑兵团	排成疏开队形的 骑兵团

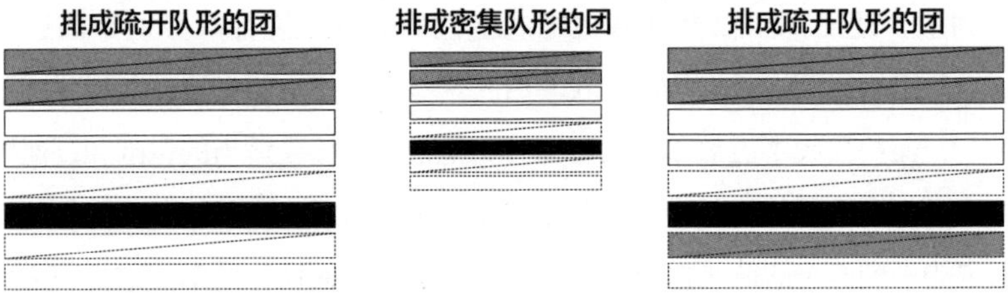

排成疏开队形的团　　　　排成密集队形的团　　　　　　排成疏开队形的团

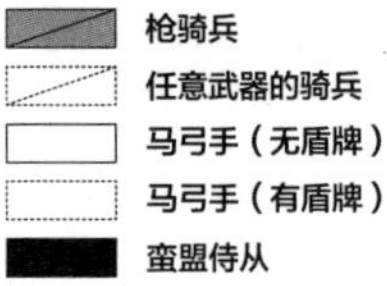

▨	枪骑兵
⊿	任意武器的骑兵
▭	马弓手（无盾牌）
▭	马弓手（有盾牌）
▬	蛮盟侍从

◎　原图示并没有将疏开队形和密集队形之间的区别展示清楚。事实上，在三个团人数相差不多的情况下，两翼采用疏开队形的团，肯定要比中央采用密集队形的那个团占据更大空间

七、第一线和第二线阵型的图注说明

Φ　副将；　　　　　　　　　　λ　备用马匹（有备用马匹的情况下）；

♪　医疗兵；　　　　　　　　　T　行李纵列（有行李纵列的情况下）；

К　侧卫；　　　　　　　　　　Ϛ　保卫行李纵列的战队；

Ϣ　迂回部队；　　　　　　　　Ṅ　精选军分队长；

Ŗ　精选军武装侍从；　　　　　ъ　将军。

八、带有行李纵列时的整条战线阵型

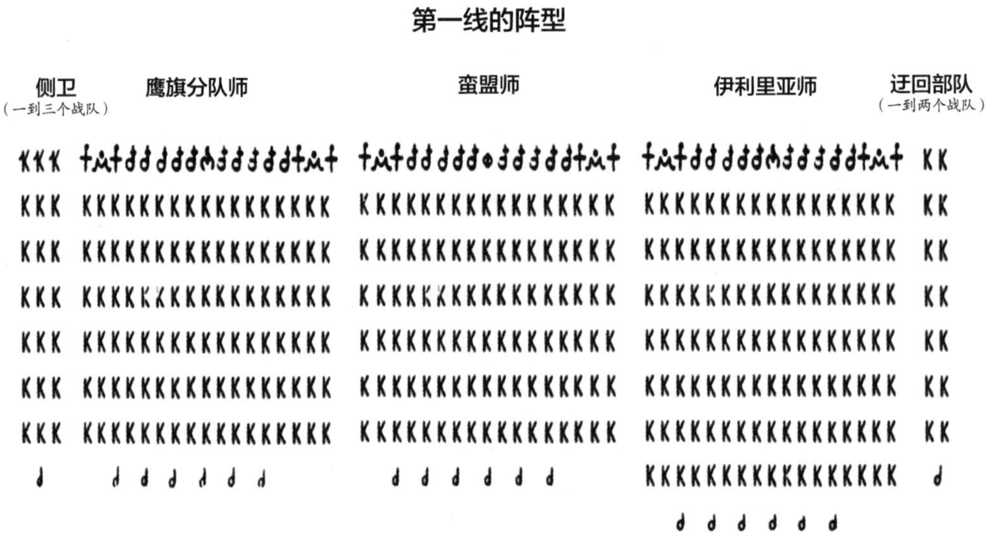

第一线的阵型

侧卫 （一到三个战队）	鹰旗分队师	蛮盟师	伊利里亚师	迂回部队 （一到两个战队）

34

第二线/支援线

师	师	师	师

ᵗᴬᵗ↓ᵍᵈᵐᵈ ᵗᴬᵗ↓ᵗ KKKKKKKK ᵗᴬ↓ᵗ ᵍᵈᵐᵈ ᵗ ᵍᵗᴬᵗᵗ KKK ▲ KKKK ᵗᴬᵗ↓ᵗ ᵍᵈᵐᵈ ᵍ ᵗ ᵍᵗᴬᵗᵗ KKKKKKKK ᵗᴬ↓ᵗ ᵍᵈᵐᵈ ᵗ

KKKKKKKKKK KKKKKKKKKK KK ✕ KKKKKKKKKKKKK KKKKKKKKKKKKKKKKKKKKKK

KKKKKKKKKK	营	KKKKKKKKKK	营	KKKKKKKKKK	营	KKKKKKKKKK
KKKKKKKKKK		KKKKKKKKKK		KKKKKKKKKK		KKKKKKKKKK
KKKKKKKKKK		KKKKKKKKKK		KKKKKKKKKK		KKKKKKKKKK
KKKKKKKKKK		KKKKKKKKKK		KKKKKKKKKK		KKKKKKKKKK
KKKKKKKKKK		KKKKKKKKKK		KKKKKKKKKK		KKKKKKKKKK

后卫	行李纵列	备用马匹（一）	后卫
K↓K	⊤⊤⊤⊤⊤⊤	⅄⅄⅄⅄⅄⅄⅄	K↓K
KKK	⊤⊤⊤⊤⊤⊤	⅄⅄⅄⅄⅄⅄⅄	KKK
KKK	⊤⊤⊤⊤⊤⊤	⅄⅄⅄⅄⅄⅄⅄	KKK
KKK	⊤⊤⊤⊤⊤⊤	⅄⅄⅄⅄⅄⅄⅄	KKK
KKK	⊤⊤⊤⊤⊤⊤		KKK

备用马匹（二）

⅄⅄⅄⅄⅄⅄⅄
⅄⅄⅄⅄⅄⅄⅄
⅄⅄⅄⅄⅄⅄⅄

若全军人数超过一万五千人，则第二线可以分为四个师，并如上图所示，在全线中留出三个空当。如此一来，第一线三个师便各自拥有了可供自己后退的空当。

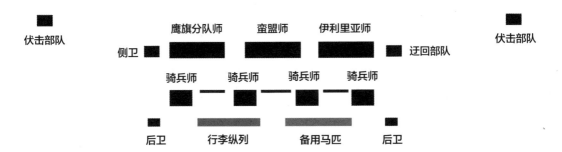

◎ 莫里斯在绘制图示时因受纸张限制，仅明确表现了各单位的纵深，而没有表现出因人数不同而产生的不同宽度，导致各单位的队形看似正方形甚至纵队队形。事实上，由于各部队宽度肯定要大于其深度，因此实际阵型应更接近于本图，而并非莫里斯的原图

若我军为中等规模，也就是五千人至六千人，则第二线应分为两个师，二者之间留有一道较大的空当，其形式与下图所示单独一个师排成两条战线的情况相似。若我军规模更小，即人数少于五千人的情况下，则以一个师作为第二线即可。第二线各师之间空当的大小，必须与第一线各师的规模相适应，即每个空当的宽度都应相当于第一线对应那个师正面宽度的四分之一。举例而言，在第一线各师正面为六百名骑兵宽时，第二线各师空当的宽度便应为一百五十名骑兵。如上文所述，布置在空当中的骑兵营通常应被排成四排。这样一来，在必要情况下他们便能采取攻势行动。在全军仅有中等规模的情况下，这些部队便不应参加战斗，其任务仅是将第二线组成一条完整正面而已。

九、单独一个师组成的战线

K K K K K K K K K K K K K K K K K K K K K
K K K K K K K K K K K K K K K K K K K K K
K K K K K K K K K K K K K K K K K K K K K
K K K K K K K K K K K K K K K K K K K K K
K K K K K K K K K K K K K K K K K K K K K
K K K K K K K K K K K K K K K K K K K K K
K K K K K K K K K K K K K K K K K K K K K

K K K K K   第二线   K K K K K
K K K K K   K K K K K
K K K K K   K K K K K
K K K K K   K K K K K
           K K K K K K K K K K
           K K K K K K K K K K

上图为单独一个骑兵师依照上文所述方式组成两条战线的示意图。若该师被敌军击退，则应向其第二线寻求掩护。在第一线向后退却穿过第二线中央的空当时，首先穿过空当的那个营的旗手或营长应高喊口令："请允许穿行！"

十、中等规模军队的阵型

K K K K K K K K   K K K K K K K K K   K K K K K K K K K
K K K K K K K K   K K K K K K K K K   K K K K K K K K K
K K K K K K K K   K K K K K K K K K   K K K K K K K K K
K K K K K K K K   K K K K K K K K K   K K K K K K K K K
K K K K K K K K   K K K K K K K K K   K K K K K K K K K
K K K K K K K K   K K K K K K K K K   K K K K K K K K K
K K K K K K K K   K K K K K K K K K   K K K K K K K K K

第二线

K K K K K K K K K K K K K
K K K K K K K K K K K K K
K K K K K K K K K K K K K
K K K K K K K K K K K K K
K K K K K K K K K K K K K

上图所示阵型中的第二线仅拥有一个师。当军队规模仅有中等水准，即五千至六千人甚至更少的情况下，第二线也不应拆解为更多的骑兵师[1]。若遭遇紧急情况，第一线各师撤退时应向第二线两端或两侧退却，而不应从第二线正面退却。若军队规模在五千人至一万人或一万两千人之间，则第二线必须分为两个师，否则第一线在被击退时便无法向其寻求掩护。若军队规模在一万五千人至两万人之间甚至更大，第二线必须依照第八项所述情况分为四个师，留出三个空当。在我军实力格外强大的情况下，这种部署方式也更有必要。

---

[1] 译注：此处与上文所述不符。依照上文所述，只有在全军人数少于五千人时，第二线才应仅留一师。而五千至六千人的军队也被称为"中等规模"，应在第二线保留两个师。

敌军战线长度超过我军时的侧卫和迁回部队布置方式如下：

迁回部队接敌前保持隐蔽状态的第一线阵型

敌军战线

正面方向

正面方向

| 侧卫 | 师 | 师 | 师 | 迁回部队 |

我军战线　　　　　　　　　　　　　隐蔽中的各战团

敌军战线长度超过我军且我军没有时间
延长右翼与其对齐之时的第一线阵型

敌军战线

正面方向

正面方向

| 侧卫 | 师 | 师 | 师 | 迁回部队 |

我军战线

若敌军战线长度在两翼均超过我军相当程度，则我军前进时应以中央领先，两翼拖后。

敌军战线在两翼均比我军更短时，
两军战线接战时迂回敌军侧翼的行动

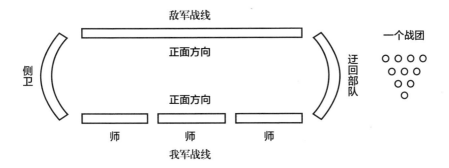

准备对敌军采取包围或迂回行动的军队，应放慢行动节奏，以避免在两翼绕过敌军之前，正面便与敌军接战。另一方面，在我军战线较短，敌军采取包围行动之时，跟在后方的第二线各单位应攻击敌军包围部队的背后。

两军战线长度相当时的包围行动

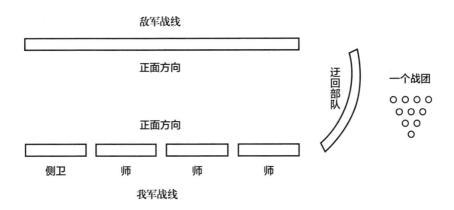

十一、总体指导

在罗马军队完成集结，并先以各营为单位单独训练，再以师级单位训练之后，便应将各师军官们召集到一起，并向其下发如下书面指导：

即使兔子或其他小型动物在逃跑时，也不会轻率地狂奔而逃，而是会转过头来，观察捕食者的追杀是否勇猛，据此来调整自己逃亡的步调。人类在会战中进行追击或退却时，所能表现出的谨慎，是否应比兔子更强呢？兵无常势，水无常形，士兵们绝不应因为敌军或是我军取得了优势而丧失自制，从而采取没有必要的冒险行动。但士兵们也必须保持坚定，力求抓住每一个有足够把握的机会去击败敌人。只将敌人击退一小段距离之后就任由敌军离开，并不能算是一场决定性胜利。同理，我军后退一段距离后又重新站稳脚跟，也不能算是一场失败。只有当战争结束之时，胜负才能真正分晓，若想要达到自己的战争目的，一支军队必须能够不断为之战斗。

为确保军官们能够掌握上述各种阵型，以及为在战场上遂行那些机动而进行的操练的原则要义，在各部队单独训练完成后，还应把第一线和第二线分别组织起来进行一次或至多两次的操练，以便将上述主要几个图示中的机动演练一番。

十二、关于第一线部队的指导

有关第一线，也就是战斗线如何行动的指导，应交予战线中央那个骑兵师，也就是副将通常所在的那个师的军官们：

士兵们应始终保持战线齐平，并在同一时间发动冲锋。若敌军被冲锋所逐退，攻击部队应迅速发动追击，不断地追击敌军直至其营地位置。防御部队也应毫不停顿地紧跟其后，保持阵型。这样一来，在敌军转身发动反击时，倘若攻击部队招架不住，他们便可以寻求防御部队的掩护，并在其保护下重新集结。倘若某个师或所有骑兵师都被敌军击退，这些部队便应退至距离第二线一箭或两箭的位置上，在指挥官呼喊出的合理命令指导下，转过身来再次与敌军交战。在这种情况下，他们是有可能击退敌军的。如若不然，他们应继续撤退一段距离，再次返身战斗。若在一次或两次尝试后仍不能成功击退敌军，第二线便应趋前掩护，而第一线则穿过第二线各师之间的空当，在其掩护之下，于第二线和第三线之间进行重组，并以非正规阵型和第二线一起攻击敌军。若敌军被击退，便应对他们进行不懈的追击。

十三、关于侧卫的指导

交给侧卫部队军官的指导应如下述：

在敌军战线长度超过我军的情况下，侧卫应尽一切努力，或调整正面指向侧翼成为一面盾牌，或延伸自己的侧翼与对方齐平，阻止敌军包围我军各师。若敌军战线较我军更短，侧卫便应加紧前进，在正面各师发动进攻之前，以新月阵型包围敌军侧翼，并在正面战线发动冲锋前那一刻完成这一机动。若两军战线长度相当，侧卫便应以密集队形坚守阵位，伴随其余各师一同发动正面冲锋。

十四、关于迂回部队的指导

交给迂回部队的指导应如下述：

在敌我两军战线接近到两箭至三箭距离之前，迂回部队应始终隐蔽在第一线右翼后方。其中一个营应在什长和伍长带领下被部署在前排，若部队素质够好，其纵深只需五排便已足够，另一个营应以非正规阵型排列在前一个营后方。他们的军旗不能竖直高举，而应放平，以使敌军无法看到并识别出来，直到迂回部队发动进攻为止。若敌军侧翼长度超过我军，则正面战线右翼的那个师应稍微放慢脚步，而战线也应以迂回部队对齐敌军左翼为准，并让迂回部队继续将行列延展出一箭射程距离以迂回敌军侧翼。在完成转向并包围敌军之后，指挥官应下达"趋前攻击"的命令，此时以非正规阵型隐藏在后方的战团便应以最迅猛的势头发动冲锋。若敌军侧翼部队转身撤退，该营不应对其进行追击，而应与另一个营会合起来，立刻向其余敌军的背后发动进攻。若敌军战线长度比我军更短，迂回部队便应在战斗开始后立刻前进，以新月阵型包围对方。若两军战线长度相当，迂回部队应将行列向外延伸一段距离以迂回敌军侧翼，之后再发动冲锋。如果在我军迂回部队延伸行列同时，敌军也希望以同样方式延伸自己的侧翼，那么迂回部队就应在敌军尚在运动时，立刻对其发动冲锋，因为敌军那些向外侧移动的部队，势必会将自己的侧面暴露出来，而行列也会变得松散。在这种情况下，不仅迂回部队需要调整自己迂回行动的步调，以确保自己动作不会太慢或太快，正面右翼一师的指挥官也需要调整进攻时机，在迂回部队的攻击给敌军造成混乱时发动冲锋。在可能的情况下，该师应延长正面，使其长度超过自己当面的敌军骑兵师，如若不能，至少也将正面延伸至与对方相同的长度。若敌军战线长度超过我军，这位师长的目标便在于确保迂回部队能够顺利遂行其任务。必须注意的是，迂回部队的重要性极高，即使是在开阔的平原上，他们也能以极低的成本突袭敌军。

十五、关于第二线的指导

关于第二线部队如何行动的指导，应下发给将军通常所在的中央单位各军官，其内容如下：

当第一线与敌军接战之时，第二线应保持在第一线后方三至四箭距离。若敌军被击退，第二线便应以密集队形，保持阵型整齐，跟随第一线为其提供支援，而不能停歇。若我军第一线被击败，第二线应放开空当，允许第一线部队退至第三线各营之间寻找安全地带重组。之后第二线应保持良好秩序，与第一线部队一同前进攻击敌军。直到会战胜负分晓，全军返回营地之前，各部队都不得解散队形。在追击敌军时，第二线也必须始终保持阵型，而不能丧失秩序。

若第一线投入战斗后，双方你来我往，胜负不分，则第二线部队应等到局势明朗后再进行机动。在此过程中，第二线应发出两到三次振奋人心的呐喊声，以鼓舞友军，震慑敌军。第二线必须十分小心谨慎地不让自己在局势明朗之前投入行动，并且绝不能距离第一线过近，否则便可能会导致全军陷入混乱，并因愚蠢而获致失败。

倘若第二线被敌军击溃，那么他们便应撤退到第三线后卫部队的位置，并在那里进行重组。如果第二线听到有敌军从背后发动伏击，该如何反应？若敌军规模较小，第三线部队足以应付，那便应派他们前去迎战。若敌军实力并非第三线能够单独应对，第二线全体士兵便应各自原地转向，指挥官带领旗手来到后方。这样一来，第二线便可以很方便地对后方敌军发动进攻。若敌军退却，则应由后卫派出一到两个战队进行追击。若收到报告称后方敌军"规模庞大"，第二线指挥官应下达"反向行军"命令，骑兵营各行士兵在各自什长的带领下，顺次来到后方，让原有的正面转到后方①。这样一来，即使在第一线溃败的情况下，该行动也能向全军发出明确信号，使任何来自后方的敌军都不敢在第二线行列面前轻举妄动②。

十六、关于伏击部队的指导

对于那些被派出去伏击或突袭敌军战线的部队，应发出如下指导：

首先，这些部队在行动前必须派出侦察兵，以免与敌军不期而遇，或是遭到来自敌军战线侧翼或后方的伏击。由于敌军经常会排成两条战线，除非我军的计划十分周密谨慎，否则突袭敌军第一线时我军反而会遭到敌军第二线的伏击。因此在敌军排成两条战线的情况下，我军不能对其第一线后方进行突袭，而应对其某一侧翼展开攻击，而伏击也应针对敌军一翼或两翼进行。这些攻击的时机必须把握得当，既不能比主力交战提早太多，也不能落后太多。伏击敌军的合理时机，应是双方战线接近到两至三箭距离之时。

若我军士兵已完成了先前提到的那些操练，他们便没有必要花费时间来阅读这些指导，因为他们已经有能力应对任何可能出现的情况。

---

① 译注：即让各行分别做一个U形运动，以原有的前后排列顺序转向后方。与之相对，士兵各自原地转向会将原有的前后排列顺序完全倒转。

② 译注：这一行动与单纯的士兵各自原地转向不同之处在于，由于各行位于前两排的行长和伍长战斗力最强，装备也最为华丽，因此当整行顺次来到后方之后，后方敌军所要面对的全新正面，便将由行长和伍长组成，其意义就好像将刀的刃口转过来对准敌军一样。而士兵各自原地转向后方，则好像是用刀背面对敌军一样。

伏击

第四章

一、对抗优势敌军时的伏击和诡计

在战争中，计划周密的伏击价值不可限量。伏击部队有很多办法，能够在短时间之内摧毁一支庞大的敌军，而后者甚至可能都没有足够时间去调动全军参与战斗。有些指挥官能够充分利用几乎延伸至敌军战线的密林、谷地、陡坡、河流和山峦来隐蔽部队，使敌军无法从远距离上发现自己；在双方战线尚未接战之前，便利用伏击部队对敌军背后发动迅猛的冲锋，给敌军造成混乱，将他们击溃。另外有些指挥官在地形对自己不利之时，不将伏击部队部署在距离敌军战线很近的位置，而将他们布置在双方战线之间的侧翼位置，甚至是己方战线后方。有时指挥官们也会让军队的大部分人马都担负伏击任务，只留下少部分士兵在正面来面对敌军。在面对浅发蛮族和其余无纪律的乌合之众时，这种办法特别有效。

二、西徐亚式伏击

如前所述，有些指挥官只会将少数士兵列入战线面对敌军，而将大多数部队留作伏击之用。当冲锋开始，双方战线接战之后，正面的少数士兵很快便开始退却，敌军则会因追击而变得秩序混乱。当敌军越过伏击部队所在位置之后，伏击部队便从隐蔽中冲出来，攻击敌军背后。同时退却中的正面部队也应反过身来一同夹击敌军。西徐亚人经常采用这种战术。

三、从两翼同时进行伏击

有些指挥官会挖掘一条八至十尺深、五十至六十尺宽且相当长的壕沟。

他们用轻质的木材将其覆盖，并敷上泥土，使其外观尽可能接近周围的地面，让敌军无法辨认出来。挖掘出来的泥土也被从壕沟附近移走，以便让敌军察觉不到任何异常之处。另外，在壕沟的某些位置，还会留下一些坚实的土地，以供军队穿过。这些位置必须做好标记，并在合适时间将其告知各部队。指挥官们会在壕沟两翼敌军无法看到的位置部署伏击部队，其余部队则被布置在壕沟前方假作失败，并通过他们所知的坚实地面安全后退。敌军在追击变得失去控制、愈发鲁莽之时，便会落入壕沟之中。此时埋伏中的部队就应冲杀出来，假作撤退的部队也应转身反击。大部分敌军都会在此时被消灭，另有一部分落入壕沟。残余敌军则会因遭遇这样一场意外而乱作一团，匆忙撤退。正是凭借着这样的诡计，埃夫萨利泰人（Nephthalites）才击败了波斯国王卑路斯（Peroz）[1]。

可话虽如此，这种伏击方式需要大量时间和人力才能准备妥当，而敌军也很可能利用侦察兵或从我方逃兵口中探知此事。有时利用沼泽地也能达成同样的效果。只要指挥官能够在战前找到两到三条土地坚实的通道，并将敌军诱入沼泽之中，伏击部队便可对敌军发动突袭，诈败的部队同时也能够转身作战，压倒敌军并将其击溃。哥特人中间的西徐亚部落曾在越过多瑙河入侵色雷斯（Thrace）时，在默西亚（Moesia）附近利用这种办法来对付德西乌斯（Decius）皇帝。当时德西乌斯便中了此计，哥特人假作撤退，并在之后的激烈作战中消灭了大批罗马士兵。

在没有壕沟或者沼泽的情况下，我们也一样能为敌军布下这种陷阱。我军可在敌军发觉不到的时候，在阵地上布下大量铁蒺藜。为方便在战后回收，我们也可以把这些铁蒺藜用绳子连在一起。铁蒺藜应覆盖整条战线的宽度，纵深也应在一百尺以上，其中留出四至五条通道，每条大约三百至四百尺宽，将其位置告知部队，并用大树枝、奇形怪状的矛头、土丘、石头或任何容易辨认之物将其明确标记出来。这些标记不仅应被放置在通道入口或铁蒺藜覆盖区域前方，而且在通道整个纵深都应有布置。当那些负责诈败的部队穿过通道之

---

① 译注：可参见普罗科皮乌斯《战史》中的《波斯战争史》一章。

后，专门负责处理这些标志的骑兵便应将标志撤掉或者推倒。在敌军被铁蒺藜绊住脚步、进退不得之时，两翼的伏击部队便应对其发动攻击。

即使军中没有铁蒺藜，这种埋伏方式也同样可以施行。我们可以在战线后方挖掘大量被称为"陷马坑"的圆形土坑，其直径应在一尺左右，深度在两到三尺之间，底部装上削尖的木桩。这些土坑应以棋盘格布局交错，而非以横平竖直的排列方式挖掘，每个陷马坑与周围其他土坑距离在三尺左右。土坑覆盖范围应有一百五十尺纵深，宽度与整条战线相当。会战开始时，第一线应排列在这些障碍物前方一里左右的距离上，第二线则位于障碍带后方两箭至三箭距离。第二线各部队不应覆盖与第一线相同的宽度，而应与障碍带之中预留的通道对齐。在紧急情况下，也就是第一线被敌军逐退之时，他们能够从通道中安全退却，必要时第二线也能从通道中安全穿过，趋前攻击敌军。若整条战线都被排列在障碍带后方，前方不留任何部队，则第一线距离障碍带应保持大约三箭距离。敌军进至障碍带所在区域，战马落入陷坑中纷纷丧命之时，我军便应对敌军展开进攻。在全军都位于障碍带后方的情况下，障碍带中的通道宽度不宜过大，以免过多敌军能够不受阻碍地穿过障碍与我军交战。

上述所有这些人造障碍物，都必须以小股可靠部队秘密准备，其工作应在会战当天或会战前一天凌晨完成，障碍带的位置自然也必须位于预定战场内我军计划迎击敌人之处。应在合适的时间告知全军士兵障碍带的位置，尤其是要告知各部队的旗手，以便士兵们知晓会战时自己应采取何种行动。后退时，各营不应使用与平时相同的常规阵型，而应根据通道所在位置，以疏开队形依次通过。同时必须严令士兵，会战中一定要紧随自己所在部队的军旗，尤其以撤退时为甚，不然士兵便可能在徘徊中误入陷阱。我们也在此祈祷，此事永不发生。

在我们看来，上述所有的诡计之中，铁蒺藜无论在任何地形下，都是最易于隐蔽布置好的[①]。毫无疑问，指挥官也必须依据地形特点来调整战线的布置方式。在计划采取攻势的情况下，指挥官应该依照前一章中所述的方式，分

---

① 译注：因为布置铁蒺藜不需要进行任何土工作业，只要派出少量人员将其播撒在地面上即可。

派出一到两个营兵力（或根据敌军兵力情况派出更多部队）担任伏击部队，其所属士兵和军官也必须聪明勇敢。根据地形情况，我们应以一支部队去伏击对方右翼，同时以另一支部队去伏击对方左翼。若敌军主动采取了伏击行动，那么我军伏击部队就应对其进行反击，确保对方不会进抵我军战线所在位置骚扰主力部队。若敌军没有采取主动，那么我军伏击部队便应主动出击，或攻击敌军的伏击部队，或在敌军行李纵列距离不远的情况下对其进行突袭，又或者攻击敌军战线的侧后。若敌军排成了两条战线，或敌军伏击部队位于其战线后方，有可能威胁我军伏击部队侧翼，各部队便一定要做好侦察工作，做好面对各种情况的万全准备。

四、伏击的时机

伏击行动的时机必须谨慎考量。由于伏击部队人数较少，倘若其发动进攻的时间远早于主力部队接战之前，他们便很可能被敌军击溃。反之，若是行动时间过晚，进攻发动时双方主力已经接战太久，伏击部队又无法再起到任何作用。无论是在对敌军一翼还是两翼进行伏击的情况下，负责进行伏击的部队都应与主力部队同时行动。若主力部队能够稍稍领先于伏击部队，则伏击效果还会更好。因为主力部队的正面推进能够吸引敌军注意力，掩盖伏击部队的行动。伏击部队和主力之间的行动协调，主要依靠侦察兵、信号兵和指挥官的判断来确保。若是二者中某一方因地形原因而领先于另一方，则这支部队应该放缓速度，等待另一方赶上。在可能的情况下，伏击部队和主力战线应在同一时刻与敌军接战。若不可能，伏击部队便应在主力接战稍早之前[①]发动进攻。这样一来，主力部队就可以趁着对方因遭到伏击而发生混乱之时，趋前发动冲锋。出于同样的目的，在地形允许的情况下，我军应在敌军两侧同时部署伏击部队，尤其是在敌军规模庞大的情况下。其中一支用来抵抗敌军的伏击，另一

---

① 译注：此处与上文所述的主力稍稍领先，伏击效果更好的说法并不冲突。二者无论哪一方先发动进攻，对于另一方而言都是有利的。在伏击部队数量较少，仅以扰乱敌军为目的，决定性打击要由战线从正面进行的情况下，显然伏击部队稍早进攻会更有利一些。

支则用来伏击敌军。若两支伏击部队中有一支能够始终保持完整，无论伏击成功与否，即使主力部队在此过程中被敌军击退，他们都不应因任何理由放弃行动，与逃兵们混在一起逃向第二线，而应该始终保持冷静，攻击敌军侧翼，并借此方式来将溃兵们集合起来①。

五、伏击或奇袭部队使用的非正规阵型

我们认为，一支分队在担负伏击、攻击敌军战线侧后、保护己方战线侧后或行李纵列、快速支援遭到重压的友军部队，以及进行小规模侦察等任务时，相比于战线中那些部队以什长和伍长为准排列的正规阵型，采用一些非正规阵型要更为有利。战线本身虽然看起来确实极为壮观，冲击力更强，组织更为有序，在会战中也能够发动更紧密的冲锋，但其弹性就相对一般，而且行动缓慢，在紧急情况下无法灵活机动。而采用非正规阵型的部队则有着与此完全相反的特征：他们很容易隐蔽起来进行伏击，而且行动时不需要太多空间，紧急时刻也能迅速调整阵型。基于上述这些原因，我军也应在非正规阵型方面花费一些时间进行训练，其基本要素则可从过去的经验教训中轻易总结出来。伏击部队采取何种阵型取决于支队的人数以及地形情况。若全军大部分部队或至少相当一部分部队都被投入到了伏击之中，而这些部队又只从一个方向发动进攻，则伏击部队便应以正规阵型作战。若伏击部队人数较少或准备从多个方向进攻敌军，那么他们便应采用非正规阵型。简言之，正规阵型和非正规阵型的区别在于，前者适用于风险较小的主要交战行动，后者则适用于快速支援、追击、突袭或制造混乱等任务。适用于骑兵的非正规阵型应以战队为单位，依照先前章节中的训练方式进行操练。倘若各部队能够熟练掌握这些阵型，会战时他们便不再需要任何训令或其他命令的指导。因为阵型和操练方式本身便已经能够让所有士兵明了自己在会战中应做何事了。

---

① 译注：很难想象一支位于侧翼，甚至敌军背后的部队要怎样才能将溃兵集结起来，此处所指的可能是通过攻击敌军侧翼，拖延敌军的追击，使正面部队的溃兵能够有时间重整旗鼓。

有些人由于谨慎过度，不愿变通，认为非正规阵型太过复杂，而且形式也太多，反而会造成更多麻烦。这些人有必要考虑一下那些竞技家、战车竞赛中的驾车手，以及其他那些仅为取悦大众而互相竞争之人。这些人即使获得成功也只能获得为数不多的物质奖励，而即使失败，所需承受的也不过是懊悔，可他们却为此项目付出了如此之多的努力和艰辛。他们严格地控制饮食，每日坚持训练，学习如何让对手受伤，如何保护自己不会被对手所伤，又或是如何将战车从纠缠中解脱出来。与这些竞技家相比，我们军队是不是应该付出更多努力，不懈练习那些非正规阵型，学习如何灵活聪明地作战呢？要知道，战场上，失败者所需要承受的，要么是死，要么就只能做逃兵，而后一种情况对士兵而言比战死更糟糕。一旦获得胜利，士兵们所能得到的不仅是获胜的满足感，还能得到物质奖励、名誉以及永恒的回忆。我们绝不能仅依靠单一某种阵型面对所有情况，不然一个意外失误便可能葬送大批人的性命。也许我们永远无法找到是谁犯下了错误，但无论如何，此人所犯的错误都要由全体士兵来承担。本书没有必要赘述非正规阵型的操练方式，因为哪怕仅列出这些操练之所以存在的原因，都会让本书篇幅过长。在书本上阅读这些操练方式，远不如在操场上进行实际训练来得实在。

行李纵列

一、将行李纵列带上战场时必须谨慎

　　行李纵列对于军队而言不可或缺，不能被忽视。行李纵列既不能在缺乏保护的情况下，被杂乱无章地留在后方，也不能被草率地带上战场。由于行李纵列中包括士兵所需要的仆人、他们的孩子以及其他家人，如果其安全得不到保障，士兵们便会因此分心，在战场上迟疑不决、士气低落。所有聪明的士兵都希望能从敌军的损失中获利，同时自己不需付出任何代价。首先，我们建议无论预期的战场位于敌国还是我国境内，各部队都不要将过多仆人带上战场，而只应带上适当数量的仆人，而且必须是他们当中最勇敢之人。但与此同时，各部队也必须分得足够的仆人来照料马匹，分配比例则依据部队等级或马匹数量来确定，以免给部队造成混乱，导致士兵分心，毫无必要地影响战斗力。进行会战时，无论战场位于国外还是国内，这些仆人都应被留在营地内，倘若我军还拥有一些步兵单位，那么步兵也应被派去保护行李纵列。在后面关于宿营的章节中，我们将介绍如何谨慎地保护行李纵列。

二、备用马匹

　　备用马匹也应被留在行李纵列中。我们想不到任何理由，可以证明士兵让仆人把所有备用战马都带到战场上的意义。无论我军获胜还是失败，战场上都存在着太多紧张、混乱和无序的气氛，在这样一片混乱中，任何人都不可能找到自己的备用战马，而这种环境也正是我军安排专门的医疗兵来救援士兵的重要原因之一。在小规模的突袭分队和侦察队中，骑兵们必须要准备备用马匹。在会战到来的那天之前，备用战马必须始终保持健康和良好的体能状况。但照我们的观点来看，一旦会战开始，备用战马便没有必要被布置在战线附近，而应该被留在营地中。不然的话，在只有年轻孩童掌管马匹的情况下，备用马很容易受惊或造成混乱。

三、如何处置不必要的行李

在军中拥有步兵单位的情况下，如果会战近在眼前无法拖延，无论战场位于我国及盟国境内还是位于边境地带，我军都应将那些在纵列中占据大多数的不必要行李和多余马匹、工具，以及任何在会战当日不会派上用场之物留在一个草料、水源充足的易守难攻之处，此处距离预定战场应在三十至五十里之间。我军应以一到两个营的兵力保护这些行李，同时这支部队也应受命收集能够供应全军四至五天的草料。在会战结束之前，备用马匹应始终被圈养在营地内加以保护。从这支部队中，还要选出一部分人尽皆知的勇士，布置在该地和前线之间，其直接上级为行李纵列的总指挥官。这些士兵负责依据会战结果不同，向行李纵列指挥官汇报，他们是应留在原地，还是转移到其他地方，又或是与主力会合。

四、中间营地

从正式的营地出发前往会战战场时，士兵们应带上自己的备用战马，以及小型帐篷或两件厚重披风——一件用来在必要时穿在身上保暖，另一件则作为帐篷皮或供遮风挡雨之用。另外，他们还应携带二十磅硬面饼、面粉或其他食物，这一点在对付西徐亚人时尤为重要。在距离敌军较近的地方，我军应该建立一座适当的中间营地，哪怕军队只在此处驻扎一天，也要在营地周围设置防御工事。各营应在营地中储存一日所需的草料或干草。若我军会战失败，不得不仓促撤退时，士兵们便可以退到这座营地之中（有时一支军队可以设置两座这种营地）。其中所储存的那些草料，数量必须足以让士兵们不必在局势一片混乱、到处都布满敌军的情况下，冒着伤亡危险外出为坐骑寻找食物。而营地本身，也可以避免士兵们被迫饿着肚子向后方奔逃。另外，在军队无须使用这些草料的情况下，一部分士兵便应负责将其烧毁，之后再与主力部队会合。

五、如何在行军时保护行李纵列

附近存在敌军的情况下，我军在行军时必须将行李纵列置于各部队之间，防止其因为缺乏保护而成为敌军骚扰对象。但各部队在行军时也绝不能与行李纵列互相混杂，而应分开行军。行李纵列应紧跟在其所属的骑兵师后方，士兵们则应轻装简行。

第五章到此为止。

各种战术和相关训练

　　勤奋训练是一位士兵所能拥有的最高美德，但与此同时，敌军也可以轻易利用间谍，或从我方逃兵那里获知我军的训练情况，并导致所有预先演习都变得毫无用处。事实上，我们在前面几章中所提到的那些训练对一支军队而言已经足够了，这些简洁的训练既可以让士兵们适应一切阵型，又不会暴露我军的作战计划。但倘若有机会进行一些更复杂的训练，各师也应该分别针对各种阵型进行相应训练。在这种情况下，应首先对下述的各种阵型进行训练，其后再练习那些不太必要的阵型。训练时，必须对每种阵型和训练都加以特殊区分，以免士兵们对自己正在进行哪项训练感到困惑，同时也可以避免士兵在战前便知晓将军的会战计划。接下来，我们将介绍西徐亚式、阿兰式和阿非利加式这三种演习阵型，以及一种意大利式的实战阵型。

一、西徐亚式训练（演习阵型）

　　在西徐亚阵型中，各营不分攻击部队和防御部队，均以同样方式编组。训练时，各营排成一条战线，并组成两个骑兵团，而非通常的三个团。训练开始后，两翼向前推进，并以外侧各营领先进行环形运动，互相靠近，包围战线前方的一块空地。接下来，两翼继续进行环形运动，右翼在外围，左翼在内侧，朝相对的方向行动，最终前进到互相重叠的位置。这种训练曾是早年军队在冬营时的一种竞技项目。

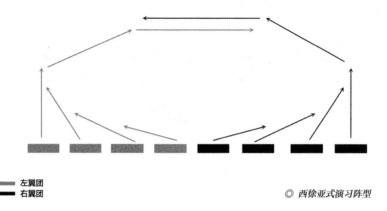

◎ 西徐亚式演习阵型

二、阿兰式训练（演习阵型）

在阿兰式作战体系中，部分部队会被划入攻击部队，另一部分则被划归防御部队，所有部队都排入一条单独的战线。在各营被编入骑兵团后，各团以二百尺至四百尺的间隔排列。攻击部队在前进时，应像追击敌军一样以袭步前进，之后佯装后撤，退入战线中各团的空当之中。此后，攻击部队应转身与防御部队一同向敌军冲锋。另有一种训练方法则是攻击部队在退入空当后调转方向，之后再从空当中前进，并向自身的两侧冲锋，同时防御部队保持原位置不变。

三、阿非利加式训练（演习阵型）

在阿非利加式作战体系中，所有部队都会排入一条战线，而这也是迄今为止各骑兵部队在训练时所惯常使用的阵型。战线中央的一个团为防御部队，两翼的两个团为攻击部队。在进行诸如追击等需要加速前进的行动时，当两翼的攻击部队开始加速趋前，中央的一团应保持原有的密集队形，并落后两翼一段距离。在准备掉头后退时，进攻部队的两个团中，一个团应停留在原有位置上，或放缓前进速度，另一个团则以高速退回至防御部队所在战线位置。此后，原本已停止前进的骑兵团也应开始退回原有战线位置。在此过程中，另一翼也应快速移动到这一侧，并形成两翼的进攻部队面对面但又不会相撞的情况。另有一种阵型与此相似，但部队配置完全相反。其中央的一团为攻击部队，两翼为防御部队，但行动方式却与阿非利加式训练相同。这种阵型则被称为伊利里亚式[①]。

四、意大利式训练（实战阵型）

意大利式作战体系，既是一种阵型也是一种操练方式。在我们看来，这种阵型在面对任何民族时都能适用。意大利式阵型分为两条战线，包括正面的第一线和后方的支援线，部队也会分为攻击部队、防御部队，并拥有侧卫、迂回部队以及负责伏击的支队。各部队的布置方式已经在前文图示中解释。

通常而言，我们有必要将所有这些训练都进行一遍，这样一来故军便无法发现我军到底将采用哪种方式进行作战。另外一种隐藏意图的方法则是在第一线训练时，第二线并不伴随其来到训练场，侧卫、迂回部队以及伏击支队也不参与训练，仅由第一线自行操练。这样一来，训练本身也会变得极为简洁高效。话虽如此，在第一线进行训练时，也可以在第二线位置上布置少量骑兵来代表第二线，以便第一线部队能够熟悉自己需要退却多远距离才能获得掩护。与此相对，第二线在单独训练时，也可以将一些部队排列在第一线的位置上，使第二线部队熟悉如何在必要时为前方友军提供掩护。

五、迂回部队和侧卫的训练

侧卫和迂回部队可以在战争爆发之前便单独针对自己的阵型进行训练，以便掌握自己在会战中将要进行的机动，而又不会向故军泄密。首先，迂回部队可以躲避于主力战线右翼之下，甚至也可以作为战线的一部分排列在侧翼。训练时，无论被布置在哪里，迂回部队在迂回行动开始之时，都应先向右前方前进到训练所需的距离上。紧接着再迅速调转方向，演练如何包围故军的机动，之后再返回到原有位置上。在此过程中，迂回部队必须始终保持阵型秩序。侧卫的训练方式与此相似。它们位于战线左侧一团的左翼，训练开始时向左前方前进至必要位置，演练如何将我军战线延伸至与故军相当的长度，之后再返回原有位置。

---

① 译注：由于攻击部队与防御部队的布置完全相反，伊利里亚式训练的行动方式不可能与阿非利加式完全相同。

将道：将军必须考虑的要点

第七章

会战前日

　　一艘战船不可能在没有舵手的情况下穿越大海，一支军队想要战胜敌军，也必须依靠合理的战术和战略。在战略战术的指导下，若再得到上帝庇佑，我军便不仅能击败实力相当的对手，还能在敌军数量大幅超过我军的情况下取得胜利。战争并不像某些缺乏实际经验之人所想的那样，胜负全由士兵的数量和勇气决定，更多还是要依靠天意、战术以及将军的将道。我们所要关注的也正是这几点，而不应将时间浪费在动员大批部队上。战术战略只要运用得当，便能在战场上获得优势，并给国家带来安定。毫无理由地动员大批部队只能带来混乱和财政方面的灾难。

　　统帅必须选择对自己有利的时间和地点来与敌军交战。首先，他必须随时防备有可能对己方造成伤害的敌军进攻，之后还必须要发动进攻来伤害敌军。更重要的是，他必须提防敌军的伏击，不断从战场向四面八方的远处派出巡逻队。另外，统帅还要避免在追击敌军时出现秩序混乱或行动不协调的问题。我们不应允许将军本人参与到任何突袭或鲁莽的进攻中，这些任务应交给其他能干的军官来负责。因为若只是一名下属军官出现疏忽或遭遇失败，战局还可以很快扭转回来。可全军统帅一旦遭遇失败，很可能会导致秩序全面丧失。

　　明智的将军应在战争爆发前便对敌军进行仔细分析，在战时针对敌军优势做好保护性安排，同时尽可能利用其弱点使我方获利。举例而言，若敌军在骑兵方面占据优势，将军便应去破坏敌军所需的草料；若敌军在人数方面占据优势，则应切断对方的补给；若敌军由不同民族共同组成，则应使用贿赂或利诱、许诺的方式来瓦解对手；若敌军内部存在不和，则应收买各派系的首领；若敌军十分依赖长矛方阵，便引诱他们进入破碎地形；若敌军依赖弓箭，我军便应在开阔地形上列阵与之交战，迫使对方进行白刃战斗；在面对西徐亚人或匈人时，应利用其马匹刚刚熬过冬季、健康状况不佳之时，于二月或三月展开攻势，并依上文所述攻击其弓箭手；若敌军在行军或宿营时放松了戒备，我军便应出其不意，日夜对其进行突袭；若敌军十分鲁莽，缺乏训练，而且无法忍受艰苦环境的考验，便应设法让敌军相信我方很快就要发动进攻，之后再将战事拖延下去，等到敌军热情冷却、心浮气躁之后再发动进攻；若敌军在步兵方面占据优势，则应将敌军诱入开阔地区，与其保持一定距离，从安全距离上使用标枪攻击。

作战就如同狩猎，要靠寻找、撒网、等待、跟踪、围捕或其他类似的诡计来捕获野兽，而不能全凭蛮力。战争中，无论敌军多寡，我们也都应采用相同的办法。若只是在开阔地面上与敌军面对面地短兵相接，以此压倒对方，即使你获得了胜利，这也仍是一种非常冒险的行动，而且很可能会带来惨重的损失。除极特殊情况外，任何通过付出巨大代价来获得无意义的胜利的举动，都是一种非常愚蠢的行为。

一、为军旗祈福

在敌对行动开始的一到两天前，各师师长应为军旗祈福，并将它们分别交给各营的旗手。

二、编组中队

各营营长应将手下士兵以行为单位进行整编，并保持各行的满员。

三、搜集敌军情报

无论是以合适的间隔连续派出目光锐利的侦察兵，还是利用间谍和巡逻队，统帅都应尽一切努力来搜集关于敌军行动、兵力以及组织的情报，以使自己能够居于不被敌军所奇袭的地位之上。

四、以演说来鼓舞部队士气

在适当的时间，指挥官应将部队以师或者团为单位集合起来，而非将全军全部集合。统帅应以合适的演说内容鼓励这些士兵，使他们想起自己先前的胜利，许诺皇帝将给予他们奖赏，以犒劳他们为国尽忠的行为。之后，相关的书面命令还应交到各营的军官们手上。

五、处置被巡逻队俘虏的敌人

在有敌军士兵被巡逻队捕获，或是叛逃到我方时，倘若敌军士兵装备良好、身体健康，则不应对我军士兵展示这些俘虏，而应将他们秘密送至其他地方。若是这些逃兵状况不佳，则一定要将他们展示给我军士兵，将他们的衣服剥光，让他们在军营中四处游行，乞求饶命，这样一来，便可让士兵们觉得敌方全军皆已虚弱不堪。

六、对违纪者的处罚

在临近敌军或会战即将爆发时，统帅必须特别下令，要求各营指挥官延缓几日处罚那些违纪士兵，甚至可以对他们置之不理，切不可操之过急。不仅如此，对于那些心怀不满的可疑士兵，也必须小心对待。可若是这些士兵难以驾驭，不服管教，指挥官便必须寻找一些借口，将他们暂时派往其他地方，以免他们叛逃到敌军一方，泄露我军情报。与敌军属于同一民族的士兵，则应在会战前派往他处，而不应将其带上战场，让其与同族血亲交战。

七、士兵、战马和营帐的维护

会战临近时，指挥官必须考虑到失败的可能性，并做好在不利情况下保护辎重的准备，尤其是必须提前为士兵和马匹准备好能够维持数日的粮草。在合适的地区，还应依照后文中的图示建好设防营地，并在营地中准备饮水，以备不时之需。

八、与师长们共同研究战场地形

将军应将师长们集合起来，制定会战计划，并对应在何处战斗加以注意。

九、饮马

会战前夜第一声军号吹响之时，将军应向军官们下令，要求后者确保战马都能够喝足饮水。若军官们忽略了这一点，会战到来之时，他手下的士兵们就可能会落于全军之后。

十、在鞍袋中携带口粮

应向每一位士兵下令，在他们前往各自于战线中的战斗位置时，鞍袋中应携带一磅到两磅面包、大麦、熟食或肉食，另外还要在一个小的行囊里带上一个水囊，其中只能盛放清水，而不能用来装酒。无论会战胜负如何，这些给养都可能会派上用场。很多时候，败退的敌军会逃到某个设防阵地。我军无论是在那里等待敌军再次出战，还是直到夜幕降临时才结束会战，都可能要在那里过夜。若此时没有给养，作战行动便很可能中断。

十一、与不熟悉的民族作战

如果与我军对阵的是一支非常强大，但作战习惯又不为我方所知晓的民族，士兵会因无法预料战况而感到紧张。此时我军便应尽可能多加小心，避免立刻与对方进行会战。在与敌军主力交战之前，我们首先要做的一件事情，也是对我军而言最安全的事情，便是派出少量经验丰富的轻装士兵，尽可能隐蔽地攻击敌军某些支队。若这些士兵成功杀死或俘获一些敌军，军中绝大部分士兵都会将其视作我军强于对方的证明。这样一来，他们便会忘却紧张，重拾信心，并逐渐习惯与该民族作战。

十二、在行军时遭遇敌军奇袭

若敌军发动奇袭，而我军所处的环境又因地形破碎、地表植被过于浓密或时机不利而不适合进行会战，我军便不应与对方交战。与此相对，我军应将兵力集中起来，占据一块适合宿营的阵地，拖延战斗时间，直至地点和时间对我方有利，绝不能在我方不愿作战时被迫进行会战。这种行动并不意味着我军临阵脱逃，只是避免陷入不利的办法而已。

十三、军营以及其中的马匹

当敌军接近我方营地之时，尤其是敌军似乎要以西徐亚式战术来作战的情况下，我军应依照下述几种办法行动。如果我军选择守在工事以内，便应提前收集并储备好足以供马匹一天至两天食用的干草或者青草。若军队选择前往另一处营地，并在那里与敌军作战，则应在行军时带上可供一日食用的干草或青草，并将其储存在新的工事之中。之所以如此，是因为敌军不可能放任我军的仆人们外出征发给养或放马。在敌军距离非常接近的情况下，士兵们有必要在行军过程中自行收集草料，因为在设立营地后，仆人或侍童便无法再外出征发草料，尤其是在敌军骑兵数量多于我军之时。

十四、战斗过程中不得搜刮敌军尸体

在会战完全结束前便开始搜刮尸体、攻击敌军行李纵列或营地是非常危险的行为，很可能导致灾难性结果。因此必须提前警告士兵不得如此，并且要将这一条明确写入军规，让所有人都不犯这种错误。很多时候，这种行为都会导致一支本已经获胜的军队，最终被敌军击败并被完全消灭——当士兵们解散行列各自搜刮财宝时，敌军便可以轻易地横扫他们。

十五、与敌军有血亲关系的士兵

会战前，与敌军同族的士兵应被从军队中隔离出来，并派往其他地区，以避免这些士兵在战斗的关键时刻投奔敌军。

会战当日需要注意的要点

一、不要让将军负担过重

在会战当日，将军本人不应负担过多任务。如果他身上的事务过多，就会变得疲惫不堪，并忽略掉那些真正至关重要的事情。将军在战场上不应为各种事情担心害怕，而应该活跃地沿整条战线骑马奔驰，鼓舞各部队士兵。但与此同时，将军本人不应参与到实际战斗之中，作战本身乃是士兵而非将军的责任。在所有事务都已安排得当后，将军应前往一处能够观察到哪支部队正在努力奋战、哪支部队又在偷奸耍滑的地方。必要情况下，将军应随时准备好利用手中的预备队，也就是侧卫和后卫，去支援某支陷入困境的部队。

二、敌军的弓箭手

在与弓箭手交战时，应极力避免将我军部队布置在山坡下方或复杂难行的地形之上。将军要么将部队布置在山坡上方，要么便应将部队彻底拉下山，在平原开阔地带上列阵。若不如此，士兵们很可能会突然遭遇在高地掩护下的敌军支队伏击。

三、在获知敌军意图前不要与其交战或暴露我方实力

在对敌军战线进行侦察，并查明对方是否计划伏击我军之前，绝不能与敌军主力接战，也不能放任敌军清楚地观察到我军阵容。

四、在第二线无法隐蔽部署时，应使其紧随于第一线后方，让敌军认为我军只有一条战线

若战场位于开阔无阻的地带，无法为第二线提供掩蔽，则我军趋前与敌军交战时，为使敌人无法准确观察我方行动，第二线应近距离紧跟在第一线后方，以便使我军阵型在敌方看来好像只有一条战线一样。在到达距离敌军约一里的距离时，第二线放慢前进速度，逐渐拉开与第一线之间的距离，使全军恢复正常的阵型。通过这种方法，我们可以让敌军（甚至也包括盟军）难以清楚地观察到我军的部署情况。

五、遭遇敌军奇袭时的应对办法

若报告称敌军支队已经击败了我方侧卫和伏击部队，正在对第一线侧翼展开攻击，位于第二线两翼的部分战队应前去支援。若敌军只攻击了我方一翼，那么支援部队应只从第二线相应的那一翼派出；若敌军从两翼进攻，则第二线两翼都应派出部队。若敌军的攻击方向直接指向第二线后方，而后卫部队又不足以抵挡其攻势，则第二线相应一侧的部队便应前去援助。只有这样，其余部队才能集中精力，遂行支援第一线作战的任务。

六、伤员

会战结束后，将军应立刻前去慰问伤员，并亲自监督阵亡将士的安葬工作。之所以如此，原因不仅来自宗教方面，这对于维持生还者的士气也大有裨益。

七、敌方军容的影响

如果敌军兵力庞大，士兵和马匹众多，看上去十分强大，我军便不应该在敌军距离尚远时便在高处上排列战线。不然的话，士兵们一旦看到如此庞大的敌军，很快便会失去勇气。与此相反，在这种情况下，我方应在低地展开，使士兵们既不能看见对方，也使敌军无法观察到我方。在敌军接近到一里或半里距离之后，我军再移动到高处，这样一来，在两军接战前，士兵们根本没有时间去丧失勇气。若是战场地形开阔，无法使用这种诡计，而且敌军的阵容从很远距离便可看得一清二楚，那么我们便应事先在全军散播消息，假称敌军队列中大部分都是马匹和行李纵列，而非士兵。

八、阻止敌军侦察我方战线

会战开始前，在各部队排列战线时，我军应在主力前方部署一到两个营的兵力，以防止敌军观察我方阵型部署，并据此调整其战线部署。

九、营地的保护

如果军队中没有步兵，那么骑兵们的仆人应被留在后方，沿着营地的工事部署，每人负责内层壕沟的一块防区，其使用的武器也应是弓箭、标枪或投石器等他们能够应付的类型。另外还应留下一个战队伴随他们，负责巡逻和守卫营门等工作。整个营地的指挥也要交给一位有能力的军官。

行李纵列绝不能被带到前线，否则在会战中，他们很容易成为敌军的猎物。如果我军在行军时遭遇奇袭，没有充足时间去设营确保行李纵列的安全，那我们应将其安置在第二线右翼各部队附近，并分派一到两个可用的战队去保卫它。

十、收集草料

我们建议军队应在会战前事先准备好草料，但如果这一点无法做到，那么在会战当日，士兵们前去排列战线时，仆人们也应走出营地，在军队后方或营地附近收集草料。营地中留下的那支部队，也应派出巡逻队来伴随他们。进行会战的时间应足供仆人们来征发足够草料了。此外，仆人们还应被告知，他们须注意布置在高处醒目位置上的信号兵，后者负责警告他们是否有敌军接近。无论是以烟火还是以军号的方式发出信号，其意义都是要将仆人们召回营地。一旦信号发出，仆人们必须以最快的速度返回营地之中寻求掩护，不然他们很可能会被切断在营地之外。

由于会战结果无法预料，收集草料的工作至关重要。在我军战败之时，只要士兵们仍然拥有足够粮草养活自己和战马，只要战马状况足够好，他们便可以自由选择是坚守阵地，还是再次与敌军交战，或是在士气崩溃、战马筋疲力竭之前立刻以整齐的秩序撤退。如果我军没有将给养准备妥当，战败后又无人敢于走出营地去收集草料，战马便无法恢复体力，士兵也会因此丧失斗志。饥饿和恐惧会导致我军失去一切扭转败局的机会。因此我们绝对有必要提前做好准备，手中随时掌握可供马匹食用一到两天的草料，如果可能的话最好还应收集更多，即使附近便有优良的牧场。

十一、战败后

如果我军在第一天的会战中失利，在我们看来，凭借这些已经在战场上被击败的部队，在近乎同样的时间或仅仅相隔了几天后便再次与敌军交战，是绝对无用且对我方不利的。我们强烈建议，将军们对于这种做法最好连想都不要去想，因为转败为胜的难度对任何人而言都过于巨大。除西徐亚人以外，无人能够让反败为胜成为一种惯例[1]，对于我们罗马人而言，这更是十分罕见。即使将军已经找出自己在第一天会战中犯下了什么错误，希望再战一场来弥补过错，士兵们作为一个整体，也不可能理解将军要他们立刻再战的

---

① 译注：西徐亚人之所以能够经常反败为胜，是因为他们的军队中几乎都是来去如风的轻装马弓手，即使在战场上被敌军击败，也能够迅速撤退而不会损失太多兵力。另外需要说明的是，无论是莫里斯还是任何一位罗马帝国的皇帝，都会使用"西徐亚人"一词来指代包括匈人在内的全部游牧骑射民族，因此西徐亚人并非特指某一个民族，而是指代习俗相近的一类民族。

原因。他们通常会将失败看作是上帝的天罚，并因此丧失信心。因此，在没有绝对必要的情况下，会战失败后的一段时间内，我军不应再试图与敌军正面对决或重新展开攻势，而应转而以诡计、欺骗、谨慎把握时机的奇袭以及所谓"打了就跑"的战术来与敌军对抗，直到士兵们忘记自己的失败，重新鼓起勇气来为止。

即使在军队士气高昂，且有充足理由（这些理由很难在此处列举清楚）使将军认为再次与敌军交战对我军有利的情况下，将军也应将原先的第一线打散开来，改做第二线使用，同时将第二线改做第一线。不过由于第二线人数较少，若单凭原第二线部队与敌军交战可能显得过于薄弱，因此应从原第一线骑兵营中挑选部分士兵，补充进原第二线部队。

在会战以失败告终时，将军不能有半点犹豫拖延，除非有希望等到盟军赶来或有希望得到其他形式的支援，抑或出现敌军主动提出议和的情况。在后一种情况下，议和谈判绝不能在大庭广众之下进行[①]，而应在私下里进行。如果对方的议和条件十分宽大，将军可以立刻与对方达成协议，其条款的执行也不能敷衍了事，必须以互换人质或起誓的方式来加以确认。如果敌军提出的条件十分严苛，而且有拖延时间让我军士兵放松警惕的企图，那么我方就应在士兵中散播谣言，将敌军的条件变本加厉地说给士兵们听。这样一来，当士兵们听到这些条件之后，就会感到极为气愤，产生自己不得不与对方决一死战的想法，并因此对军官们变得更加服从。战败后行动越是拖延，我军士气就会越低，越可能发生全面崩溃，而胜利者的信心也会越发高涨。因此，在士兵彻底崩溃之前，将军应命令所有营级指挥官、什长和伍长去劝说、鼓舞士兵们，告诉他们眼下没有时间去失落，有这些时间还不如去仇恨敌军，鼓起勇气来弥补一部分失败。如果有机会直接在战场上扭转败局，则我军便应利用前文所述的某些作战方法来与敌军交战。倘若情况不是这样，在面对危险的情况下，我军也必须重新排列出一道看似勇敢的正面来掩护撤退。如果获胜的敌军以步兵为主，则我军应不加拖延地以良好的

---

① 译注：这种安排主要是为了预防敌军利用议和行动或议和条款来使士兵放松警惕，甚至产生厌战情绪。

秩序骑马撤退，或在某处安全地点建立设防营地。如果胜利者是像波斯人和西徐亚人那样以骑兵为主，我们便应在抛弃掉那些多余的财物和行动迟缓的马匹后再快速撤退。除少量部队以外，全军大部分人员应下马组成两个方阵（Phalanx）①或一个空心的四方阵。将马匹和行李安置在中央，士兵则在外据守，并将步弓手置于最前排。凭借这种阵型，我军便可安全撤退。

十二、战胜后

与上述情况相对，如果会战结果对我军有利，将军便不应只满足于击退敌军。缺乏经验的将军经常会犯下这种错误，贻误战机，还辩解说："穷寇莫追。"可事实上，这些贻误了追击时机的将军，不仅会给自己带来更多麻烦，还会导致战役的最终结果悬而不决。直到敌军被彻底摧毁之前，绝不应有任何犹豫和拖延。倘若敌军进入工事寻求保护，我军则要么对其直接施加压力发动进攻，要么断绝对方为士兵和马匹收集粮草的出路，直至敌军彻底崩溃，要么就应在条款对我方有利的条件下与对方议和。一位将军绝不能满足于只将敌军击退一小段距离，否则他便可能会在经历辛苦和危险的战斗后，仅仅因为不坚持追击，而将整场战役的胜利置于危机之中。战争与打猎一样，射失的箭矢无论离猎物多近，也还是没有命中。

会战获胜后，将军必须对士兵们的秩序保持谨慎，将他们始终维持在良好的状态中。不过，无论下发多少相关的命令，若军队只是秩序良好，也还是不足以确保自身安全并给敌军施加伤害。更重要者还在于上帝的庇佑，这也是一位将军想要在战争中获胜的最主要条件，同时他还必须充分利用时间和空间的优势。举例而言，如果将军决心与敌军进行会战，他就必须亲自从所有适宜会战的地点中，找到最为开阔平整、能发挥枪骑兵威力的地方。确定战场之后，我军不仅要派出巡逻队对战场左右两侧和后方两三里范围进行监视，还要仔细检查我军前方的整片地面，以防地面上存在沟壑或敌军陷阱。

---

① 译注：莫里斯在本书中使用"方阵"一词来指代单条战线的步兵战斗阵型，而非传统意义上由手持长矛的重步兵组成的希腊方阵。此处的两个方阵，即是一左一右两个纵队的意思。

十三、侦察

会战当日，上文中刚刚提及的巡逻队应在人数上加倍，并在一早将他们派出到距离战场两三里的各个方向上去。他们所接到的命令，不应仅要求他们监视敌军行动并向主力汇报，同时还应让他们拦截所有试图叛变到敌军一方的逃兵，因为这些巡逻兵们所处的位置很容易捕获逃兵。若敌军士兵带着自己的财物投奔我方，巡逻兵们也可以为他们提供保护，使其不被附近的某些暴徒挡住去路。

负责侦察主力部队前方地面的巡逻兵需要前进到距离敌军战线一箭射程之处，检查敌军是否秘密挖掘了壕沟或设置了陷阱，确保主力部队的士兵们不会遭遇意外之灾。在地形不利的情况下或某些关键时刻中，我军绝不能只派出单独一名巡逻兵侦察前方，而是应该再增派一名士兵担负同样的任务。这样一来，如果前面那名巡逻兵被对方俘虏，后面的一名便能知晓此事，并向主力转达。在我军排好战线之后，若地形适于进攻，我方便应抢占先机，不给对方依照我军部署调整阵型的机会。此时对我军而言，最为安全之事便是立刻发动进攻。

十四、不得过早暴露第二线

在主力冲锋因某些充足理由而被推迟的情况下，第二线更要保持隐蔽，若附近有树林，便利用树林隐蔽，若有低地，便将第二线藏在低地之中。倘若敌军过早地发现了我军的第二线部队，他们便有可能采取行动，以伏击或其他诡计来限制其作用。

十五、会战前不要展露武器的光亮表面

我们发现，无论是罗马人还是其他民族，几乎所有士兵在观察对方战线时，都认为盔甲更为昏暗的一方要比盔甲更加明亮的一方更有机会获胜，这种普遍看法毫无疑问是错误的。除神意以外，会战胜负主要取决于将军的指挥以及部队的士气。一些权威人士建议①，若战场附近存在树林或盆地，我军便应在其中隐

---

① 译注：莫里斯之所以表述为"权威人士建议"，很可能是因为他本人认为这种行动并没有什么意义。

藏起来，使敌军无法从一至两里以外看到并针对我军阵型采取反制措施。如果地形开阔、天气晴朗，士兵们便不应佩戴头盔，而应将头盔放在手上，迫近敌军之后再佩戴起来。如果士兵们使用的盾牌尺寸较小，便应将其置于胸口，掩住身甲，同时还要用斗篷盖住肩部的甲胄，直到合适的时间再将其展开。此外骑枪的枪尖也应被遮住。这样一来，自远处看，我方几乎不会出现任何闪光。通过展现这样一种军容，可使敌军受到惊骇，导致其在会战开始前便丧失信心。当然，敌军也可能会采取同样的手段。

十六、对各师长重申各自的职责

每个骑兵师三分之一的兵力为攻击部队，位于各师两翼；位于中央的三分之二兵力则是防御部队。在冲锋时，骑枪上的飘带必须摘下收纳在相应行囊中。在接近到距离敌军一里之前，士兵不必从骑枪上摘下飘带，但在那之后就必须将其摘下叠好。营级部队的军旗尺寸不得过大，团长的军旗则应更大一些并使用不同的标识。以此类推，师长的军旗应与其余军旗存有明显区别。冲锋过程中，士兵不得呐喊，直到双方短兵相接后才行。冲锋开始时，各部队，尤其是位于后方的部队应为第一线助威，其余噪音则应被禁止。大部分军号在行动中都不应被吹响，以便师长的号手能够明确发令。师长本人应位于自己所指挥的骑兵师中央，与防御部队一同行动。团长则应位于自己所属骑兵团接近于全师中央的那一侧，与攻击部队所属的各战队一同行动。各团长、营长必须监督手下士兵，履行此处所列出的各项规则。

在排布战线的同时，传令官们应对战场所在地进行侦察，检查双方战线之间的地面情况，寻找地面上的沟壑、泥沼以及任何敌军可能布置的陷阱。若上述障碍物中任意一种确实存在于战场之上，则我军便应停留在原地，等待敌军先行穿过那些障碍，之后我军再从坚实的地面上发动冲锋。师长的军旗不仅应在外观上与其余军旗有所区别，使下属所有旗手都能清晰辨认出来，而且在军队停止前进时，旗手还应以与众不同的方式来举这面军旗：如长时间高举或放低，偏向左侧或右侧，或是将其直立着举起后频繁摇动等。通过这种方式，即使在最混乱的会战中，其他旗手也能从乱军中将其清晰地辨认出来。各师长的军旗不能以相同方式来举，而应各自不同。这一点在训练时便应有所体现，以便士兵们能够熟知自己所属师的军旗。这不仅有助于各营迅速找到自己所属骑兵师的位置，而且可以让掉队士兵们方便地认出自己所属师长的军旗，进而找到自己所属的骑兵营。

与敌军同族的士兵应在会战前便被隔离开来，并借故将他们派到其他地方去。另外，如前文所述，师长还应准备好在全师所有骑兵营集合起来统一训练时使用的书面计划。

十七、以相同方式向营长、团长、师长们重申各自职责，使他们知晓各自应做之事

无论一个战队或骑兵营是在主力部队中与其他部队一同行动，还是在其他地方自行宿营，士兵们都应在清晨进行任何工作前，以及夜间吃过晚饭后、解散前吟诵《三圣颂》（*Trisagion*），或按照其他习俗进行祈祷。

依据各部队士兵素质的不同，纵深不同的各行应按照前述章节中的图示排列队形。每行都必须由老兵和新兵混编而成。前方两排和最后两排的士兵应使用骑枪①，第三排和第四排士兵使用弓箭，其余士兵则可以使用任何自己擅长的武器。

骑枪上的飘带在与敌军接战前应被取下，否则它们不仅会妨碍使用该骑枪的士兵本人，还会干扰其后方的士兵。

从武艺不精的士兵之中，应挑选出六至八名医疗兵，负责在会战过程中照料伤员。

选出两名做事干练、机警且精力充沛的士兵担任间谍，另外还应选出两名士兵担任传令官。

选出两名能干的士兵担任测绘人员，负责考察宿营地点。

选出两名士兵担任宿营组，负责侦察道路。

---

① 译注：若按照第一章的说法，罗马重骑兵同时装备骑枪和弓箭，此处"应使用骑枪"所指的，可能是让这四排骑兵在冲锋时要使用骑枪而不是弓箭来作战的意思，而不是说这些骑兵只拥有骑枪而没有弓箭。

位于军旗两侧的两列士兵，在会战中应负责保护军旗。

军中应挑选出一位优秀的演说家。

军中应选出一位经验丰富、纪律性强的士兵来负责保卫行李纵列。

在规模较大的骑兵营中，会战前应竖立两面军旗，一面代表营长，另一面代表资深百夫长，即首席百夫长。负责保卫两面军旗的年轻士兵或什长应按照相同的配置来安排。不过在会战当日，代表首席百夫长的军旗不应被带上战场，而只应保留营长的军旗。

会战当日，士兵们应各自在鞍袋中携带一壶饮水和一到两份干面饼或其他口粮。

会战结束前，也就是战斗仍在进行的过程中，严禁士兵搜刮敌军尸体，而这道命令在战场上也应反复强调。

各营应以前文所示的符号和图示排列队形。

行军过程中，尤其是在可能接敌的情况下，士兵不应与行李纵列混在一起。各营战斗人员应单独行军，其行李纵列则位于其后方或情况所允许的其他位置。

应按照本书先前所述的那些方式来对士兵进行训练。若某位军官不了解这些操练方式，应向其下发关于这九种操练的书面说明。

战马不仅应熟悉在开阔的平原上快速机动，还有必要适应如何在山地、植被茂密地带、崎岖地面，以及上坡、下坡等地形上行动。只要战马能够适应这些不同的地形，那么无论是骑兵还是战马，便将不再会因任何地形而感到惊慌或困扰。即使天气炎热，也应特别注意不要让马匹饮用太多的水。也正是因为这一原因，如果营地不设在河流旁边，对军队事实上是有好处的。在训练时，战马应被带到崎岖地形上进行操练，各骑兵营也应在复杂地形上依照常规阵型排列开来，士兵们就在这种地形上以袭步策马向前，之后再以同样方式返回原位。那些因爱惜马匹而忽略了这种操练的士兵，很可能会招致会战失败。另外，士兵们也有必要熟悉如何在高温天气下进行这些操练，因为无人能够知晓战争会在何时爆发。

本书第七章到此为止。

总体指导及军事格言

第八章

一、给指挥官的总体指导

（一）在遂行极为重要的行动时，一军之将绝不能认为有任何工作不值得自己去做，而应该尽可能与士兵同甘共苦。这种行为能够让士兵对军官更加服从，哪怕仅仅是出于羞耻心，士兵们也会更多出一份力。

（二）若某种违纪行为在士兵之间极为普遍，在施行惩罚时必须有所节制，不能不加区分地惩处所有违纪者。倘若惩处措施引发了广泛的怨恨，军队的纪律可能会进一步恶化。明智的办法是，只惩处士兵中的少部分带头人。

（三）将军在军中的生活方式应如同其手下士兵一样简朴，对士兵也要视如己出。在下达命令时，将军应保持温和的态度，而在处理关键性事务时，也需要亲自与下属进行探讨，并给予对方一些建议。将军必须时刻关心士兵们的安全、给养以及军饷发放情况。与此同时，他还应通过惩处违纪者的方式使士兵对自己感到敬畏。一旦军中出现纪律问题的苗头，便应立刻采取行动予以遏制，绝不能有所拖延，以致酿成大祸。只有在士兵认为将军既令人尊敬又公正时，将军才能够在战争中获得胜利。除此以外，将军还必须保证平民在军事行动中不受伤害。

（四）将军必须保持适度的生活方式和灵活的头脑。将复杂问题放在夜晚去处理是十分有好处的，在夜间制定计划也要更容易一些，因为此时人们的思维不会受到太多外部干扰。

（五）在制定计划时，必须慎重而不能急躁，一旦计划制定完成，下定决心要将其付诸实施，便不能再有任何迟疑和胆怯。胆怯与谨慎完全不同，这不过是一种恶毒的发明而已。

（六）将军的头脑绝不能因胜利而过于兴奋，也不能在诸事不顺时过分沮丧。

（七）依靠谨慎的计划和将军的技巧去征服敌人，远比单凭蛮力更加安全有利；在前一种情况下，我方可以在不受损失的情况下获得胜利，而后一种情况下我方则要付出相当代价。

（八）作战时十分有必要在敌军中散播谣言称我军将采取某种行动，而同时我军采取另一种行动。关于重要行动的计划绝不能告知太多人，只能让将军身边的少数人知晓。

（九）在与敌军作战时，一位将军绝不能总是反复使用同一种办法，哪怕这种方法总是能取得成功也一样。在很多例证中，敌军最终都适应了这些战术，并想办法对其进行反制，最终给我军造成了灾难。

（十）将军应对有关阴谋或叛变的谣言保持警觉，无论谣言所说的是我方还是敌方，也绝不能坐视不理。将军应采取行动，在叛变成为现实前予以制止。

（十一）应该派出一些士兵假作逃兵，给敌军带去关于我军行动的假情报，以迷惑对方。

（十二）应编造一些我军在其他地区获得胜利的谣言，来鼓起士兵们的勇气。

（十三）关于我军遭受挫败的消息一定要秘而不发，而只在军中传播那些与此相反的消息。

（十四）绝不能任由遭遇失败的部队陷入绝望，而应利用各种手段让他们重新燃起希望，使他们重整旗鼓。

（十五）在与敌军交战时，将军必须暂时放过那些触犯军法的士兵，但在战斗结束后，必须将那些妖言惑众者赶出军队。

（十六）我军阵亡士兵必须在夜间秘密掩埋，而敌军尸体则应被留在战场上，以便作为一种使敌军丧失勇气的手段。

（十七）敌军派出使节团前来之时，我方应提前调查使节中的领导人物，当使节团抵达后，应以最友善的态度对待对方，这样一来，敌军便可能会对使节们产生怀疑。

（十八）对于我军士兵所犯下的那些懦夫行为应加以保密，不能公开惩处，否则反而可能导致这种行为蔓延到全军之中。

（十九）若想要不受干扰地渡过一条河流，只需要沿着河岸挖掘一道深沟，在其中填上木柴，在大部分军队渡河之后，剩余人员点燃深沟中的木柴，便可趁其燃烧时，不受干扰地渡河。

（二十）为敌军制造不和与怀疑的办法中，有一种是让士兵在蹂躏、劫掠地方财产时，故意放过某些敌军显要人物的财产①。

（二十一）若希望被围攻的敌军城市投降，一种办法是将信件系在箭矢上射入城内，许诺在开城后给予对方自由和豁免。这一消息还可以通过释放敌军俘虏的方式来传达。

（二十二）在适合伏击行动的地形上追击敌军时，必须加倍小心。一位良将在合适的时机选择撤退，只不过是为了能够更有效地发动进攻。

（二十三）绝不能被敌军所表现出的人道行为或诈败所欺骗。

（二十四）可以通过行动时的犹豫和苍白的面色来辨认出懦弱的军官，并在会战时将他们分派到辅助部队去。

（二十五）攻克一座人口众多的城市之后，我军有必要打开城门，以便让居民从城中逃出，而不要逼他们做困兽之斗。同样，在攻克敌军的设防营地时，也应采取同样的行动。

（二十六）即使在国内作战，也应建造设防营地，一位良将在面对敌方进攻时绝不能说出"我没料到"这种话。

（二十七）若想要安全撤退，只需在某地点起大火，之后军队便可前往另一地点，而敌军只会前往火焰所在之处。

（二十八）可以给那些从我方叛逃至敌军中的变节者写信，并故意使其落

---

① 译注：汉尼拔在入侵罗马时曾使用这一办法。当时率领罗马军队与其对阵的昆图斯·法比乌斯拒绝与他正面交战，但同时又紧随其脚步，限制他的行动。因此汉尼拔在抢劫、蹂躏罗马土地时故意放过了法比乌斯的庄园，导致法比乌斯受到元老院怀疑，一度被撤换。莫里斯很可能也是从汉尼拔的战史中，读到了这种办法。

入敌军手中。信件内容应像是提醒那些变节者们，不要忘记事先约定好的阴谋计划。这样一来，敌军便会对他们产生怀疑，迫使这些人不得不从军中逃离。

（二十九）在军队即将执行危险任务或突袭行动时，应将那些懦夫、病号，以及因马匹过于虚弱而无法参战之人一同调离部队。这样一来，军官们便可以宣称那些懦夫是因为生病才被调离，并以此为借口将他们与其余士兵隔离开来。这些懦夫可以被派去守卫要塞或执行其他危险性不大的任务。

（三十）我军应在谷物成熟后对敌国发动进攻。这样一来，我方便不会缺乏给养，而远征行动也会给敌人造成更多伤害。

（三十一）我们不应为那些空口承诺为我方战斗，但真实目的却不明确的人提供武器。

（三十二）在获得一场会战的胜利之后，我们绝不能变得鲁莽，反而应对于败退之敌可能进行的突然反击加倍注意。

（三十三）即使我军兵力远强于对方，也绝不能粗暴对待敌军使节。

（三十四）无论一支军队多么强大，在围攻城市时也绝不能将自己的营地放任不管，或是想当然地认为营地本身的工事足以确保其安全。无论如何都应不间断地派巡逻兵侦察周边地区。

（三十五）对于那些自敌军叛逃而来的可疑人员，我们应向他们告知与实际完全相反的行动意图，这样一来我们便有可能利用这些人去欺骗敌人。而在休战或暂时的和平期间，也应小心防范这些人挑起叛变行为。

（三十六）无论在任何情况下，我们都不应该在没有佐证的情况下盲目相信敌方逃兵或变节者所带来的情报。我们应将他们所提供的情报，与突袭敌军时抓获的俘虏的口供进行对比，以判断其真伪。

（三十七）无论在任何情况下，敌我双方共同起誓许诺的协议，都不应被破坏。

（三十八）除神佑以外，我们还应将自身安危的希望寄托于武力，而非防御工事。

（三十九）我们应对士兵下令，让他们无论是在节日期间、雨季，还是在白昼、黑夜都要做好进军的准备。这样一来，我们便不必事先将具体行动时间通知士兵们，而他们又能够时刻做好行动准备。

（四十）在没有必要或并非有绝对把握获利的情况下，不应采取冒险行动。这种行为无异于用金饵钓鱼。

（四十一）对于那些来到我军中避难的当地居民，绝不能不加区分地一概接受。很多时候这些人都是被敌军派来组织阴谋、破坏我军行动的。

（四十二）我方城市遭到围攻时，对于那些前来投奔的敌方逃兵也一定要多加警惕。很多时候这些人都是敌军派来在城中放火的，以便城外敌军趁守军忙于救火时发动进攻。

（四十三）将军不应放任那些在会战中被击败的部队不管，不应任由他们撤往某座设防营地或其他要塞寻求保护，即使在很多情况下这些行动看起来十分合理也还是一样。与此相反，应趁着恐惧之情尚未深入士兵心中之时再次发动进攻[①]。如果将军没有放任部队逃跑，败军便会有更大的把握反败为胜。

（四十四）若一位将军感到自己已经做好了与敌军进行会战的准备，那么他便应将战场带到敌方而非我方国土上。在敌方国土上作战能让士兵们变得更具攻击性[②]，而且这样一来，士兵们还会感到自己正在参与的战事并非只是为国而战，同时也关系到自己的性命安危。在拥有要塞的己方领土上作战时，情况就会完全不同。士兵们在失败后可以轻而易举地撤进要塞寻求掩护，因此不会感到自身性命有多少危险。

二、军事格言

（一）在展开危险的行动前，将军应举行礼拜仪式。这样一来，当他真的陷入危险时，便可自信地作为一位朋友，祈求上帝保佑。

（二）一位将军越是在夜间不眠不休与手下一同工作，越是勤奋训练士兵，在与敌军作战时，所面临的威胁就越少。

（三）绝不要在士兵们的勇气已接受了足够考验之前便将他们带上战场。

---

① 译注：此处的说法似乎与前文存在矛盾，可能特指在会战尚未结束时的情况。

② 译注：6世纪时的罗马军队多为职业常备军，大部分士兵都没有自己的土地，抢劫敌国是他们主要的发财方式。到希拉克略皇帝施行军区制改革，采取兵农合一的农兵政策后，情况便完全不同了，那时的罗马军队反而会在国内作战时更加勇敢，因为他们需要保护自己的农田。

（四）若能以不与敌军进行会战的方式，例如通过欺骗、突袭或饥饿的方法伤害敌军，则更对我方有利，因为会战本身的胜负更多依靠运气而非勇气。

（五）只有那些在投入实际行动之前，不曾为敌军察觉的计划，才能获得成功。

（六）兵不厌诈，除某些阴谋情况以外，敌方士兵叛逃对我军而言是最为有利的，这比在战斗中杀死此人对敌军伤害更大。

（七）那些做不到知己知彼的将军，一定会遭遇灾难性的结果。

（八）勇气和纪律的作用，要比士兵数量更加重要。很多情况下，战场上的限制因素会导致弱势军队反而占优。

（九）只有少数士兵是天生的勇士，大部分合格士兵还是要依靠将军的培养和训练。那些从未停止锻炼的士兵会在勇气方面有长足进步，闲暇的人则会变得懦弱懒散，因此将军必须注意让所有士兵都保持忙碌。

（十）那些敌军意料之外或者突然发生的事情，能够使他们受到惊骇，而对于那些他们早已熟悉之事，敌军是不会多加注意的。

（十一）在获得一场会战胜利之后，将军若放任分散各处、秩序混乱的军队追击敌军，则等同于将胜利拱手送给敌军。

（十二）开战必须要有正当理由。

（十三）一位良将必须能够用自己的能力去抓住战机，同时利用敌军的弱点。

（十四）将全军集合在一起讨论战况，或是在士兵们休息时频繁传唤他们，这对战事毫无益处，只会为军队带来不和。

（十五）即使没有敌军骚扰，也必须让士兵们有事可做。士兵们若习惯了懒散度日，军队便会遭遇巨大的麻烦。

（十六）明智的将军不会将一支规模大于我军的盟军带入我国国土，否则倘若这支盟军发生兵变，他们便会逐退本土军队，之后占领当地。

（十七）在可能的情况下，一定要在盟军中编入大量不同民族的人员，以降低士兵们欲行不轨的可能性。

（十八）我们应以与敌军相同的方式排列我军阵线，用我们的步兵去对抗敌人的步兵，轻装部队、骑兵、重步兵等各兵种皆应如此。

（十九）那些无法为手下军队提供足够食物和其他给养的将军，不过是在为自己的失败铺路，即使周围并没有敌军也还是一样。

（二十）仰赖于手下骑兵，尤其是枪骑兵的将军，应寻找适合这些部队行动的平原地区，并在那里强迫敌军接受会战。

（二十一）反之，若是某位将军以步兵作为主力，他便应精心去挑选不平整、破碎或植被茂密的地区作战。

（二十二）若我方已经获悉自己的计划被泄露给了敌军，那我们就应该更换所有通讯密码和其余传令方式，并改变会战的阵型。

（二十三）对于我军应做何事，应向众人寻求意见；对于我军要做何事，只应向少数值得信赖之人寻求意见；之后将军只能依靠自己去选择那个完善且对目标最有帮助的计划，并将其坚持到底。

（二十四）要么将军队集结在补给站附近，要么就必须把给养送到军队所在之地去。

（二十五）一位将军不应完全依靠侦察兵去勘察道路，他应该用自己的双眼去仔细观察那些道路。

（二十六）侦察兵必须从性格沉稳、目光锐利、人品可靠、做事严谨，且热爱自己的名声超过金钱之人中甄选而来，只有这样的人才能带回准确的报告。而那些轻浮、懦弱，容易因某些捕风捉影之事而兴奋不已之人很难将实情探查出来，这种人很可能会给将军和全军带来危险。

（二十七）和平时期，对将军的敬畏和对违纪者的惩处能够让士兵乖乖听话，但在战役进行过程中，让士兵满怀希望并给予他们奖励会带来更好的效果。

（二十八）试图用饥饿来摧毁敌军的将军，往往比总是用武力来摧毁敌军的将军，获得的胜利更大。

（二十九）若敌军间谍在偷窥我军时被抓获，在我军兵力强大、阵容壮观之时，应将其不加伤害地予以释放。敌军在收到他带回的情报之后，信心必将受挫。反之，若我军兵力薄弱，则应对间谍施以严刑拷打，逼迫其供出敌军秘密，之后要么将其处死，要么派人将其押送至其他地方。

（三十）若士兵们暴露出胆怯的迹象，将军应使出浑身解数，重塑他们的勇气。

（三十一）"制定计划时应谨慎缓行，但若下定决心，便应迅速果断。"①战争中，战机转瞬即逝，绝不能耽搁。

（三十二）在士兵眼中，你绝不能因胜利而过分得意，也绝不能因失败而一蹶不振。

（三十三）敌人之所以会害怕某位将军，绝不是因其说话危言耸听，而是因为他所做之事令敌军感到恐惧。

（三十四）夜间制定计划，昼间付诸实施。一位将军不可能在同一时间内既思考又行动。

（三十五）对下属要求过于苛刻的将军，或是对下属过于放纵的将军，皆不适合指挥作战。对将军的恐惧会导致士兵怨声载道，而对士兵过于忍让又会让士兵们蔑视指挥官。因此将军应不偏不倚。

（三十六）在与敌军签订条约或停战协议之后，指挥官应确保军营的守卫比先前更加稳固、严密。这样一来，若敌军选择破坏协议，他们最终所能获得的，仅有不守信用的名声，并导致他们为神所疏远，而我军则能够在保证自身安全的同时，恪守承诺。一位良将绝不能说："我未曾料到此事。"

（三十七）规模较小的部队应选择正面较窄、与部队规模相称的地区作为战场。在这种战场上，由于地形限制，人多势众并无任何用处。研究敌军所在地区的地形，将军便能够对敌军规模做出大体估计，因为将军可以通过自己的经验，判断何等规模的军队需要多大空间来部署。

（三十八）如果不想让敌军知晓我军的兵力，我们应让士兵们以密集队形徒步行军。我们可以借此欺瞒敌军，使他们无法对我方人数做出精确的估算。

（三十九）在我军背对而敌军面对太阳、风向以及飞尘的情况下行动是十分有利的。这样一来，敌军的视线就会受到干扰，呼吸也会变得困难，使我军能够轻易获胜。

（四十）我军应在敌军做好战斗准备之前完成战线排布。这样一来，我们便可随心所欲地采取行动，而敌军却几乎连拿起武器的时间都没有。

---

① 译注：伊索克拉底，《致德莫尼科斯》。

（四十一）如果我们能先做好冲锋的准备，我军便可以在信心满满的情况下，安全地攻击敌军，而敌军则会对此忧心忡忡。

（四十二）在战线已经排列完毕时，对士兵而言最重要的事情，应是保持阵型整齐，以及维持战线之间的空当距离。

（四十三）必须考虑到伤员的情况。如果我们忽略了伤员，其余士兵便不愿意再拼命作战；而对伤员的怠慢，也会导致我们失去某些本能救下的士兵。

（四十四）在敌军逃跑之时，必须禁止我军士兵们搜刮尸体，不然他们便会分散开来四处搜寻财物，而敌军也会趁此机会重新整队来攻击他们。

（四十五）若军队在仅仅一场会战中便损失了大半人员，责任在将军本人。

（四十六）一支军队若能发出整齐且洪亮的呐喊，便可借此震慑敌军。

（四十七）一位不把任何事看作理所当然的将军，在战争中将会拥有稳固的地位。

（四十八）如果敌军拥有非常强大的弓箭手，则应注意在潮湿天气中对其发动进攻，因为这种天气会对弓箭威力产生不利影响。

（四十九）我军指挥官应依据敌方将领的脾气、秉性来制定各种计谋。若敌将性格鲁莽，则应引诱其进行不成熟且冒险的行动；若敌将胆小怕事，那么连续的奇袭就可能将其击垮。

（五十）在处理手下士兵与盟军士兵之间的事务时，将军应做到不偏不倚，对两方都能公正相待。将军在给予盟军礼物时，也应相应地定期增加发放给我军士兵的奖赏。

（五十一）战争期间，将军应多做一些分外之事，少取一些分内之财，这可以增加他在军中的声望，并获得所有人的好感。

（五十二）必须对战争的不确定性多加注意，哪怕是在获得会战胜利之后，将军也应随时做好准备，聆听敌军提出的对我方有利的和平条件。

（五十三）相对其余装备，将军应对武器更加用心注意，因为其余装备都是能够从敌军国土上获取的，而倘若没有武器，我们便无法征服敌国。

（五十四）最好的将军不一定要出身豪门，但必须拥有能让自己感到自豪的作为。

（五十五）一位将军不仅要正确处理眼前的问题，也要为未来做好打算。

（五十六）最优秀的统帅，绝不会在完全无法预测结果的情况下，与敌军进行可能带来灾难的会战，也不会去模仿那些虽因大获成功而受到敬仰，但实际上却行动鲁莽的人物。将军应在让敌军疲于奔命的同时，确保自身安全，并始终居于对自己有利的战场上。

（五十七）一位将军若是贪得无厌，很可能会给本国人民带来灾难，并成为敌军的利用对象。

（五十八）喜爱奢华生活的将军，可能会导致全军覆没。

（五十九）最好的指挥官，既能在正确时间唤起士兵们的勇气，又能在士兵撤退时打消他们的恐惧。

（六十）希望获得和平的将军，必须为战争做好准备，因为野蛮人只有在面对一位随时能够作战的对手时，才会感到紧张。

（六十一）平日里所犯的小错，只需短短数日即可弥补。但在战争中所犯的错误，却会造成持久的伤害。

（六十二）那些表现始终不佳的人，即使连最普通的任务也不能交给他们。

（六十三）一位机警的将军不仅应对可能出现的危险进行考量，还要提防那些完全意想不到的事情。

（六十四）要把和平当作是战争的准备期，并把会战当作勇武的展示台。

（六十五）只有在复查了自己是否忽略当天应做之事，并提前想好明日应做何事之后，将军才能够睡觉。

（六十六）将军应在所有时候都进行自制力的锻炼，尤其是在战时。

（六十七）一位将军不应轻易相信某人一定会完成某事的承诺，否则几乎全军上下都会认为这位将军过于轻浮。

（六十八）长时间谨慎地深思熟虑，是确保战争中我军安全的保障。性急且冲动的将军通常都会犯下大错。

（六十九）将军必须以身作则，以最高的标准约束自己，多行善事，绝不做自己禁止士兵们去做的事情。

（七十）将军必须通过让士兵们起誓的方式，确保手下的忠心。

（七十一）若将军能够知晓手下每位军官和士兵的特长以及性格，他便能知道每个人最适合什么任务了。

（七十二）希望计划能够保密、不为敌军所察的将军，绝不能认为手下士兵们不会泄露计划。

（七十三）双方军队均装备齐整时，两位将军谁的战术更加优越，谁就会获胜。

（七十四）与古时一样，那些有能力进行精彩演说的将军，能够让怯懦者走进战场，也能鼓起一支败军的勇气。

（七十五）将军必须充分了解作战地区，对军队而言是安全、健康，还是会影响士兵健康或不适合居住，其附近是否拥有水源、木材以及草料等必需品。若这些必需品的距离较远，那么征发工作就会变得困难而且危险，尤其以附近存在敌军时为甚。另外，抢在敌军之前占据当地各处高地也是十分有利的。

（七十六）与古时相同，将军所采取的一些诱敌行动可能会非常有效。举例而言，如果我军看起来即将宿营，敌军便可能被引诱着做出同样的行动，并将军队分散开来进行准备工作。同时，我军可以秘密地排列战线发动进攻，即使在地形不利的情况下，也可以借此机会悄悄撤退。

（七十七）行动时，将军应像一位优秀的摔跤手一样，在某个方向上进行佯攻以图欺骗对手，之后再好好把握住创造出来的机会，顺势压倒敌军。

（七十八）在会战或任何针对敌军的行动过程中，即使是最勇敢的将军，只要他足够明智，就必须时刻谨记失败或战败的可能性，并计划好当这些情况真正发生时，他该如何行动。

（七十九）将军的意志品质与士兵们紧密相连。古往今来便有说法，一队由狮率领的鹿，要好过一队由鹿率领的狮。

（八十）盟军不应与我军混合在一起作战，他们应单独设立军营，单独行军。更重要的是，我们必须确保自己的阵型以及作战方法不为盟军所知。不然的话，一旦他们变节与我军为敌，便可能会利用对我军的了解来加害我方。

（八十一）在战争中，判断哪种行动对我方有利，最佳途径有如下述：对我军有利之事便是对敌军不利之事；敌军能够从中获利之事，一定对我方有害。那些敌军愿意去做的事情，我们便不要去做，敌军想要规避的事情，我们便一定要让其发生。我军真正要做的事情，就是任何我们认为对我军有利的事情。如果你去效仿敌军，跟随他做出了能让敌军获益的事情，这便等同于伤害了自己。反之亦然，若你在做某些对自己有利之事的时候，敌军效仿了你的行动，那他便是在加害于自身。

（八十二）军队在会战时应列成数条战线，并对敌军进行多次冲锋。谨记那句诗歌："仅仅吹灰之力，不曾疲惫的你，便在激战之中，将力竭之敌赶向城市。"

（八十三）有很多严肃的理由可以证明，毫无限度地拉长战线，会带来巨大危险。

（八十四）若我军的目标只是击败敌方军队，则我军人数仅需与对方相当。但如果我们想要征服敌方领土，便需要比敌军更多的数量。

（八十五）将军应在军队中编入更多骑兵而非步兵，因为后者仅能在短兵相接时发挥作用，前者却还能有效追击敌军或轻易撤退，同时他们还可以下马步战。

（八十六）一位明智的将军只有在有特别大的胜算或优势时，才与对方进行会战。

（八十七）将军应时常改变自己的穿着和外貌，使自己在排布战线时、发动冲锋前、与敌军会面时，甚至进食、睡觉时看起来都不一样。只有这样，你才能避免被敌军或一些密谋叛乱者轻易捕获。迦太基人汉尼拔（Hannibal the Carthaginian）便曾佩戴假发和各种假胡须，使他手下那些野蛮人认为这个人超乎寻常①。

（八十八）我们在选择战场时，不仅要考虑到本族士兵的武备情况，同时还要考虑其他民族的情况。帕提亚人（Parthian）和高卢人（Gaul）在平原上表现出色，西班牙人（Spanish）和利古里亚人（Ligurian）在山地和丘陵表现更佳，不列颠人（Briton）善于在丛林作战，日耳曼人（German）则最适合于在沼泽中作战。

（八十九）无论将军选择了怎样的战场，他都必须让手下士兵们熟悉当地的地形。只有这样，他们才能在战斗时避免那些难行的地区，并因自己对战场了如指掌，而在与敌军作战时信心满满。

---

① 译注：据一些史料记载，汉尼拔之所以经常变装，是为了混入罗马人之中侦察敌情。

（九十）引领士兵投入会战时，将军必须表现出兴高采烈的样子，绝不能面带阴沉。因为士兵们通常总是会依据将军的脸色，来判断自身的前景。

（九十一）取得会战胜利之后，将军不应立刻允许士兵们解散行列。之所以如此，是因为敌军经常在发现我军放松警惕并解散行列欢呼雀跃之后，重新鼓起勇气，翻身再战，并致使我军先胜后败。

（九十二）敌军被包围时，我军最好应在包围圈中留出一块空当，以便让敌军认为逃跑要好过在困兽犹斗之中尝试运气。

（九十三）一支军队的战斗力，取决于将军本人的意志品质，迦太基人汉尼拔对此十分了解。当他听说西庇阿（Scipio）接掌了罗马军队的指挥权后，便对其手下军队赞不绝口。军中有些人质疑他，面对已经多次击败过的对手，为何迟迟不愿出战？汉尼拔对此解释："我宁愿与一队由鹿率领的狮子作战，也不愿与一队由狮子率领的鹿作战。"①

（九十四）一位幸运的将军比一位勇敢的将军能给国家带来更多的好处。前者能够在仅付出少量代价的情况下便获得胜利，后者总是要冒很多风险才能取得相同结果。

（九十五）一位狡猾的对手，要比一位从不放松神经的对手更加可怕。后者从不掩饰自己的意图，而同时我军却很难探查到前者欲行何事。

（九十六）在调查关于手下士兵的指控时，指挥官必须严厉且彻底，但在惩罚士兵时，又应该心怀仁慈，只有这样才能赢得士兵们的好感。

（九十七）面对紧急情况时，将军应保持冷静，谨慎征求意见，并谦逊地与伙伴商讨应对方法。如果这位将军在对敌军发动冲锋之时，不是像一头失控的野兽，而是以一种有计划的步调发动进攻，他便能够在会战中获得最大的成功。

---

① 译注：汉尼拔在第二次布匿战争中曾与数位西庇阿作战，此处所指的应是西庇阿·阿非利加努斯，即"阿非利加征服者"。在公元前202年的扎马会战之前，汉尼拔为图稳妥，不愿前往距离迦太基城过远的地方与其进行会战，但最终却因遭到迦太基元老院质疑而被迫出战，并最终输掉。汉尼拔在与西庇阿家族的其他成员作战时，从未有过拖延的情况，总是主动争取与敌军进行会战。上述的言论可能出自他在与元老院和部将争论过程中。值得一提的是，关于最初究竟是谁说了这样一句话，还有很多不同的说法，更常见的说法还包括亚历山大大帝等人，而他们所指的具体内容也各有不同。也有可能这句话在古代世界原本就是一句非常流行的格言。

（九十八）一位将军不应忽略任何可能在战争中发生的情况。谁能够完成自己从不曾研究过的任务呢？谁又能够在自己从不曾理解的危险情况下，为别人提供支援呢？

（九十九）一位将军除要制定以武力击败敌军的计划以外，还要制定通过切断食物和水源击败敌军的计划。他可以利用各种手段污染对方的水源，并在谷物中下毒。同时将军还必须知道如何才能不让我军遭受同样手段的威胁，使我方不受其害。

（一百）将军身边必须时刻保有一支挑选出来的精锐部队，以便在军队中某支部队遭受重压时，将他们派出去为其提供支援。另外将军本人绝不能过于接近敌军，否则一旦出现任何闪失，全军都可能遭受灭顶之灾。

（一百零一）将军在对士兵们进行公开演说时，应该对敌军也进行一些称赞。这样一来，我们的士兵便会相信，在我方称赞他人时，他人也会承认我军的勇猛，而敌军的称赞也正是我方的荣誉。

奇袭

第九章

一、奇袭

　　自古时起便有格言教导我们，在进攻敌军时要尽可能少让自己遭受损失。一位智慧过人的将军应时刻将此谨记于心，并以此作为行动的最高指导。只要在对敌军进攻时胆大心细，便很有可能会实现这一目标。这种胆大心细的攻击，不仅在对付同等实力的敌军时十分有效，而且在对付数量远超自己的敌军时也一样有益。因此我们应不断地寻找合适的时机和借口，在敌军尚未做好战斗准备前抢先打击对方，尤其是在我们有理由认为敌军要比我方更加强大之时。在这种情况下，我们更应如前文所述那样，尽可能采用各种不同的奇袭和诡计，而不要在一场可能遭遇致命危险的会战中与敌军交战。

　　有些指挥官会对敌军的使团热情相待，在回复他们的提议时也使用和蔼、奉迎之语，并用最高的礼遇将其送出营帐，之后便立刻紧跟其后，出其不意地攻击敌军。还有些将军会主动派出使节，提出于对方有利的和谈条件，之后便突然发动进攻。还有些将军会跟随敌军至其营帐附近，并收集营地防务是否牢靠的情报，之后选择一个月光明亮的夜晚，或是在日出前两三个小时发动进攻。弓箭手对于这种行动而言极为重要。一些将军在听说敌军行军秩序混乱、任由部队四处散落各地之后，便去对敌方行军队列的中央发动进攻，从而给对方造成巨大伤亡。另外还有将军会隐蔽起来，利用伏击突然对敌军进行冲锋。此外一些将军还会在与敌军交战时伴装撤退，之后再反过身来突然对敌军进行冲锋。有些将军会驱赶兽群，让它们走在军队前方，迫使敌军向两侧躲避，看到敌军失去秩序、队形散乱之后，再打击在他们身上。

有些进攻可以光明正大地公开进行。例如，当战区中有一条河流位于敌我双方之间，而这条河流又十分难以逾越，尤其是对骑兵而言。若我军想要在当地建造一座桥梁，既可采用通常的方式以木制桥墩支撑，也可用浮舟拼接而成。同时还应在桥梁两端用木材或者砖石来修建箭塔。在必要时，这样一座桥梁足以供全军安全穿过河流，或从河流对岸撤回。将军也能够获得行动上的自由，决定军队能够在此处停留多长时间，是进攻敌军还是撤退，又或是将桥梁拆毁。不过在这种行动中，我们不应烧毁或破坏那些我们在返程时也要穿过的地区的给养。另外我们还认为，在我军很可能与敌军发生会战的情况下，我们有必要建造几座这种桥梁，并在河流附近设立营地。这样一来，哪怕整条河流都不适合涉渡（尤其是敌军所在地区），到了会战当天早上，我军也能够在不受阻碍也无须十分拥挤的情况下穿过河流。即使在会战失败的情况下，我军也能安全返回营地的保护范围，而无须被迫在敌军追击之下渡河。出于上述原因，营地应设在敌军所在的一侧河岸。

二、夜袭

不同指挥官进行夜袭的方式并不相同，有些指挥官会在距离敌军一天路程之处建造设防营地，并派出一到两位使节向敌军求和。当敌军有理由认为自己即将与我军达成停战协议，并因此放松戒备之时，这些将军们便会率领着自己的军队在夜晚行军，并在第二天黎明时对敌军展开出其不意的进攻。图拉真时代的罗马将军卢西乌斯（Lusius）便曾使用过这种办法[1]。另一些将军会让军队在营地附近排列好战斗队形数日之久，就好像准备与敌军进行会战一样。与此同时，他们还会表现得好像已被敌军所吓倒，不敢远离营地。等到敌军放松戒备之后，便在夜间发动进攻。阿瓦尔人的大汗曾在赫拉克利亚（Heracleia）对罗马骑兵采取过这种行动。当时罗马骑兵并没有安全地在步兵保护下驻扎在营地以内，而是在缺乏保护的情况下散落在营地之外。此外还有一些将军，会派出一人诈降，告知敌军我方士气低落。之后将军便率领军队佯

---

① 译注：莫里斯所说的这次行动应是在图拉真入侵帕提亚时，于116年在埃德萨或尼西比斯附近进行的。

装向后方远处撤退，但实际上仅后退一小段距离并在那里设立营帐，等到夜幕降临后便对敌军发动进攻。

无论骑马与否，弓箭手和标枪手总是最适于进行夜袭任务的。在面对那些没有合理地建造设防营地，而是任由营帐四处散落的敌人时，他们更是十分有效。另外，他们在面对那些不善使用弓箭标枪，而是喜欢短兵相接的敌人时，也同样十分有效。夜袭行动应在月光或星光足以照亮整个行军纵队的时候进行，以免士兵们在黑暗之中互相冲撞或迷路。军队必须始终保持警戒，做好战斗准备，士兵们也仅能携带战斗必需之物。出发前，将军便应根据敌我双方营地间的距离来规划行军里程，以便在破晓前两小时能够抵达距离敌军营地一里或者两里的地方，同时还要保证士兵们在行军时足够轻松，不至于筋疲力竭。抵达上述位置后，我军应隐蔽起来进行休息，准备在破晓前一刻发动进攻。

像这样的行动必须由对当地有着深入了解、不会将军队引入歧途之人担任向导。行军时必须保持绝对安静，不能使用军号传达命令，也不能发出任何较大的噪音。在必须通知全军停步或是前进之时，应通过口哨或简单地敲击一下盾牌，或是口述命令来传达。为避免一切混乱、麻烦或是队形拖得太长导致前后脱节，战线不够整齐，以及大声呼喝命令等一切可能会暴露我军正在接近敌军的情况，军队在行军时不能以战斗队形进发，而应采取行军纵队，各营依次前进，使敌军仅能看到一个营纵深的正面宽度①。接近敌军后，士兵们应隐蔽进行休息，同时整理阵线，并根据地形从两到三个方向上对敌军营地进行攻击。不应从四面同时进攻的原因在于，敌军若被彻底包围，便会被迫聚集起来抵抗到底，而如果我们留出一侧，那些想要逃跑的敌人便可能将想法付诸实施。发动进攻时，若我军规模较大，应吹响两到三支号角，若我军规模较小，则应吹响更多号角，以使敌军认为我军规模比实际情况更大。

一部分部队应始终被留作预备队，不参与任何进攻行动，直到我军需要撤退时再投入使用。这种进攻行动，尤其是在对抗骑兵时，必须多加小心，并提前进行大量准备工作，就好像面对一场会战一样。倘若夜袭行动不像计划中

---

① 译注：即让已经排好了战斗序列的军队向左侧或右侧原地转向，以原先的侧翼领先行军。

那样顺利，敌军已经有所警觉并排列好战线来与我军对阵，我军反而会受到奇袭，并在接下来的战斗中被敌军击溃。若敌军由步兵组成，而我方进攻由骑兵进行，则我军毫无疑问将给敌军造成巨大伤亡，而这些骑兵则可以毫发无伤地撤出战斗，因为步兵无法对其进行追击。无论我军是在夜间攻击一座设防营地，还是在昼间攻击一支行军纵队或他们的行李纵列，都必须专门分派部分部队去夺取敌方的给养和行李。不然的话，倘若我军大部分士兵都去争夺敌军行李，敌军便可能会发动反击并威胁到我方全军。

三、如何侵入敌方领土；如何确保在敌方领土行军时的安全；如何在不受损失的情况下蹂躏敌方领土

在两种情况下，一支军队可以安全地入侵敌军领土——即入侵行动是在敌军已经遭遇会战失败之后，或是在我方知晓敌军缺乏准备、不适合作战的情况下进行的。此时我军应不宣而战。即使在敌军规模比我军更大时，也同样应该如此，尤其是针对如斯拉夫人、安特人（Antes）及其他纪律松散、组织混乱的敌人时。另外，我军还可以占领并据守某处位于河岸或山口中的阵地，并从这些位置攻击敌军，同时确保我方不受对方伤害。

更重要的是，在入侵敌方领土时，将军必须关注军队的给养问题。他必须亲自监督，确保全部给养或是由普通行李车仗装载，或是由士兵个人背负，抑或是以其他方式被安置妥当，不然一旦敌军毁掉当地的给养，我军便将在充满敌意的土地上陷入窘境。除非是为保证行动的隐秘性，在敌方土地上作战时，我方不应在夜间行军。举例而言，为在敌军发现我方意图前快速占领或穿越地形崎岖之地，我军绝对有必要躲开敌军侦察。

我军也应该努力尝试去生俘一些当地居民，以便从他们那里获得关于敌军兵力和计划的信息。审问俘虏必须由将军本人亲自进行，不能由任何人代劳。通过审问这些百姓，我们经常能够获得非常重要而且完全可信的情报。但与此同时，我们绝不能过分相信敌方逃兵或变节者的说辞，至少对他们的信任度不能超过那些在我方突袭时抓来的俘虏，因为逃兵或俘虏故意提供假情报的情况屡见不鲜。不要轻信任何出自仅仅一人之口的情报，也不要相信任何无法由多人证实的信息，尤其是那些在劫掠行动中抓到的俘虏或敌军逃兵所提供的

情报。对于那些声称自己拥有秘密情报的敌军逃兵，一定要将其关押起来，或通过别的方式控制其活动，并告知，倘若他们提供的情报正确，他们将会得到奖赏，若是情报有误，则格杀勿论。

即使敌军集结于其设防营地以外的某处，我方也绝不能允许任何士兵前去洗劫或抢劫其营地，而应先向敌方军队所在方向前进。若会战结果对我方有利，便不要错失良机，应趁着敌军仍然十分惊恐而且混乱之时，紧追不舍，直到敌军彻底溃散，或与敌军订立对我方有利的不平等条约时才能罢休。如果敌军在集结之后避而不战，则我方军队必须在保持军队秩序的同时，蹂躏途经的一切。不过如果我们计划要沿原路返程，而且军队中也并没有太多食物和草料，那我们便应放过当地的给养，待回程时再将多余物资摧毁。前卫应在道路交叉口和其余容易迷路之处设置路标。若是在森林地区，路标可以设置在树上，若是在荒原，则可以把石块和泥土堆积起来当作路标。后续部队只要依照路标行动，便不会迷路。

那些被派去进行劫掠行动的部队，不能全部都参与抢劫的工作，而应被分为两组，第一组负责抢夺物资，人数更多的另一组则跟在其后方对其进行掩护。无论行动是针对居民区、敌军设防营地、畜群、行李纵列还是任何其他目标，都要做此安排。倘若全军都参与到劫掠行动中，也要采用相同的部署。在那些不参与抢劫的士兵中，如果有机会征发给养，则一部分人应被派出执行这一任务，其余士兵则应保持常规阵型，伴随在其后方。若士兵们在抢劫和征发给养时过于专心，他们很可能会在返回主力部队之前遭到敌军奇袭或伏击。

除紧急情况以外，我们认为若是从不同单位中抽调人手进行抢劫行动或组成侦察支队，抑或执行其他军事勤务，对我方都是不利的。我们应派出整个骑兵营、战队，或由首席百夫长、什长率领其手下单位执行这些任务。有时，某些特定情况会要求我军组建一支特殊的支队，如大部分士兵因某种原因不愿执行任务，或是战马情况不佳等。在这种情况下，支队也只能由士气高昂、战马情况良好的士兵们组成。总体而言，随机从各营抽调人员去执行某些任务会带来巨大风险。这些抽调出来的士兵因为缺乏朋友们的支持，互相也不熟悉，无法发挥出自己最大的实力。不仅如此，那些被留在后方的部队，也会因此暂时失去其最优秀的士兵。

将军若想要攻克一座要塞、要地或其他地方，他不应让任何人知晓自己的意图，直到军队抵达当地，将军亲自下令展开行动时为止。若我军不得不在距离敌军设防营地较近的地方宿营或者通过，则我军应派出一位军官率领轻装部队驻扎在对方营门附近，以免我军遭遇敌方的突然出击。同样的安排也适用于我军穿越隘路之时。露营营地或普通营地都不应被设置在敌方要塞或森林附近。若是无论如何都必须要在这些地方宿营，则岗哨一定要严加注意，以防敌军的夜袭。通常而言，在视野开阔的平原、高地或易守难攻之处宿营要更加有利。

进入敌方领土时，行李纵列应跟随在作战部队后方，但在接近敌方军队时，行李纵列则应被移动到全军中央。无论是在行军还是在宿营时，行李纵列和可能存在的战俘，都要与普通部队分开布置，以免他们阻碍士兵行动，对抗击敌军突然袭击产生不利影响。在敌方土地上，测绘组和宿营组必须提高警惕，必须在有充足支援的前提下才可执行勤务。关于当地水土等方面的信息，我们是可以相信俘虏和敌军逃兵的。

宿营时，我军应以合适的阵型和整齐的秩序进入营地。若有敌军位于附近，而我军中又包含步兵，则我们应先将车仗停好，接着在预先规划好的地方挖掘壕沟，并将所有轻装部队部署在壕沟外一段不远的距离上，让他们做好战斗准备。在此之后，行李纵列应以良好的秩序进入营地，之后岗哨便可撤回，士兵们也可以在不解散队形的情况下进入营地内，搭起营帐。若附近没有敌军，则警戒任务可由单独一个营或一个团来负担，而其余部队可全部投入宿营工作。

若敌军就在附近且已经组成密集队形，或是我军营地位于丛林或崎岖地形，则我方绝不能任由马匹走出营地自由觅食，而应将它们圈养在营地以内，同时我军也应向营地外派出侦察部队。无论是从附近村庄中征发任何可以找到的给养，还是组织军中的侍童外出收集草料，都要从各师中选出轻装部队伴随行动，以免征发队遭到敌军突袭。若军队在当地停留时间较长，而将军又估计敌军距离较远，我方拥有足够的空余时间和空间，此时便可放牧马匹。但我们也必须系统地向一定距离以外的各个方向派出比以往数量多出一倍甚至两倍的巡逻队，并让他们保持合理的间隔。若有哪些士兵出于自己意愿，随意外出加入到由上级派出执行劫掠任务的部队中，必须把他们抓起来交给其上级指挥官进行处罚。倘若所有士兵都离开营地前去抢劫，将军便会失去所有可用部队，全军也都会陷入危险。

从当地找到的任何酒水和食物，都要在经由俘虏试毒后才可饮食。由于常被下毒，我军也不能随意饮用清水。我们可以回想一下，波斯战争中，就连大麦都被毒药所污染。当时士兵们因为找不到草料，只好将当地的大麦喂给马匹，结果不少战马也因此而亡。

行军过程中，如果发生意外紧急情况，指挥官应向士兵们下令，不准他们胡乱奔跑、阻碍他人，所有人都应赶向紧急情况的发生地。通过这种方法，军队便可做好迎战敌军的准备，在战事发生时也能够快速集结起来，避免混乱。除始终要在军队前方部署一支有效的巡逻力量，以防敌军进攻以外，我们还应在主力后方十五至二十里的地方部署一支后卫，由能干的军官率领，挑选武器精良的部队，但不要携带太多其他装备。另外，我军还应组建有效的巡逻队，来收集那些因疾病或其他原因掉队的士兵，并预防敌军的奇袭。若一支军队在行军时缺乏警戒，那么当它前方的部队无法轻易掉头支援后方部队时，就很容易受到偷袭。即使是在我方自己的领土内，那些未经指挥官准许便四处游荡、胡乱行动、不遵守军规义务的士兵，也很容易遭到打击。

四、如何穿越隘路和难行地区

除特别紧急的情况以外，在敌方领土上行动时，我们并不建议骑兵在植被茂密或崎岖地形上做长途行军。要知道，这些地区即使对步兵而言也已经足够困难。而在夏季，这些地区更是骑兵必须尽可能绕行的。不过，那些即使对步兵而言也很难穿行的隘路，只要其长度不超过一里左右，骑兵便可安全地下马徒步穿过。在我们看来，只有那些仅有一条通路可走的隘路才算难行，其余任何拥有不止一条通路的隘路，我军都可以毫不犹豫地穿过。

如果我们想要穿过一条狭窄的隘路，而且在回程时也要经过此处，若其中遍布树林，但路程不长，那么我们便应在穿过隘路时将树木砍倒，并按照常见的办法将地面夷平，清理干净。若隘路狭窄险峻，无法夷平，我军则应派出一支拥有足够兵力的支队（步兵骑兵皆可），脱离主力部队占领此处，直到我军返回。在更关键的地区，以上两种措施有必要双管齐下，既要将地面夷平清理干净，又要在那里派出适当的卫戍部队。部队带着行李纵列或战利品穿过隘路时，应分成两个纵队，下马以侧翼领先的战斗队形行军，部队在携带战利品行军时更应如此。即使是通常能够轻松穿越丛林、丘陵或狭窄地区的步兵，也应采取相同的办法。若全军都由骑兵组成，士兵们应下马步行，并将行李纵列和其他给养置于全军中央。在这种情况下，军队除应编组成两个纵队来保护行李纵列和可能存在的战利品以外，还应从主力中精选出一支强大的轻装部队，根据地势部署于主力组成的双纵队四周。他们的任务是在伴随主力行军过程中，逐退所有想要袭扰行军纵队的敌人。这样一来，主力部队便可集中精神保护行李和战利品，而无须经常分兵御敌，并且也不会因遭到袭扰而陷入混乱。两支纵队中的部队不可能承担所有任务，不能要求他们既要有效地保护战利品，又要击退来袭的敌方小队士兵。也正因为如此，那些可以被抽调出来的部队应被部署在两个纵队之外，置于其四周，尤其是后方。依照上述办法，我军在任何情况下，都可以相对容易地通过那些最难行的地区。如果军中没有步兵，骑兵在下马步行时不应将战马留在身边，而应将它们送到全军中央。不然的话，士兵们在行军时，一旦发现紧急情况或者受到敌军干扰，即使敌情不实，他们也会骑上就在身边的战马，导致队形发生混乱，并给全军造成严重损失。当敌军从一侧或者两侧出现，若纵队中存在战俘或战利品，我军应将捆绑起来的战俘推到纵队外侧用作人盾。敌军即使拒绝顾虑这些战俘的性命，继续放箭，他们的箭矢也只能射杀战俘而非我军士兵。如果军队在行军时遭遇了不曾想见的危急情况，并在隘路上为敌军所困，不得不在面临严重危险的情况下撤退，那么我方最好选择与敌军进行和谈，让出一部分甚至全部战利品。这样一来，我军便可将自己的安全解脱出去，不必面临无意义的风险。但如果敌人无意停战，我方则应在对方眼前将战俘处死。之后，我军要么留在敌军领土上，毫不留情地尽可能踩躏当地，要么就尽自己所能地保持严整的阵型，集中起来逃脱困境。手下军队被困在这样一条隘路中（尤其是当隘路较长时）的将军，在击退所有敌军，或我方部队占领了能够控制谷地的高地之前，不应尝试杀出血路强行撤退，尤其是在夏季浓密的植被足以使敌军给我方造成更多麻烦之时。

五、如何监视敌军；抓捕敌军侦察兵和间谍；隐藏我军实力

骑兵、步兵以及其他部队所采用的阵型以及部署方式，可以大幅改变一支军队表面上显露出的实力。一位缺乏经验的人在观察同一支军队的不同部署之时，对其实力所做出的估计也会相差很多。假设有一支六百人宽、五百人纵深，人数多达三十万人的骑兵部队，队列中每一匹马都要占据三尺宽、八尺长的空间，整个队列需要占据一千八百尺宽、四千尺纵深的地面。这个前后边长一千八百尺、两侧边长四千尺的长方形，周长将达到一万一千六百尺，约相当于二又四分之一里，其中容纳了三十万名士兵。但倘若我们将所有人都排成一排，各自仍占据三尺宽度，则战线长度将达到九十万尺，即一百八十里。若他们分散开来前进，这些人还要覆盖更庞大的空间，在观察者看来其人数也会比排成常规阵型时更多。在斜坡或山区行军时，军队人数也会显得更多一些。

因此，如果指挥官想要让自己的军队显得更加强大，他就可以将全军排成一条细细的漫长战线，覆盖更大的宽度，或是在战线上留出一些空当。这样一来，观察者便很难估算出这支部队的战斗力或其他任何情况。若我军装备良好，士兵和战马的军容也十分威武，将军便不应将他们排成密集队形，而应让他们组成纵深较小的长线，同时让各部队采用相差不多但又各自不同的纵深排数。若想要军队人数在对方看来更多，则只需要将部队分散开来，让他们遍布整个地区，并在各处设立营地即可。由于阵型和部署不同会给军队外观带来巨大差别，因此侦察工作绝不能交给初出茅庐之人，而对于侦察队的报告，将军也不能偏听偏信。大部分士兵都无法准确估计一支人数超过两万或三万人的敌军规模，尤其是在面对几乎全部是骑兵的西徐亚人之时[1]。也正因为如此，将军在看到一支排成细长阵线的敌军时，也绝不能轻易认定对方规模庞大，并因此而气馁。除非其阵型纵深也比较合理，否则他们便不可能是一支大军。另外，我们还有必要对敌军纵深进行调查，确认其战线中究竟是仅包含战斗人

---

[1] 译注：西徐亚人作为游牧民族，根本没有正规阵型和固定的纵深，无论行军还是作战时都会像蜂群一般散乱，而且其军队中还夹杂有大量非战斗人员，有时甚至整个部落都会一同行动，因此难以准确判断其规模，往往都会做出过高的估计。这一点在历代的战史文献中也有明确体现。

员，还是连行李纵列也被列进阵型之中布置在作战人员后方。关于敌军人数规模的准确信息，还可以从逃兵、战俘的口中，敌方穿过狭窄隘路时的情况，以及敌方全军聚集在一起宿营时的营地规模来判断。

在营地没有设防的情况下，我军必须根据附近的地形情况设置岗哨。若附近道路狭窄崎岖，少数岗哨便已够用。若营地位于没有天然障碍物的开阔地区，则必须在不同地方设置更多岗哨，并保持互相接触，岗哨本身与营地的距离也要更远。在敌军可以自由接近并观察我军前哨的夜间，更应提高警觉。若前哨警觉性不足，敌军便可能会溜进岗哨里进行偷袭。也正是因为这个原因，各哨所之间应保持一定距离，并时常更换位置。

负责紧密观察敌军所在位置和行动方向的侦察兵应聪明警觉。被选出来担任这一任务的士兵，武器必须轻便，战马也要迅捷。间谍则要十分勇敢，由于他们要混入敌人中间，因此必须看起来好像和敌军同族一样。巡逻队中的士兵则必须十分可靠，具有男子气概，在体形、武器和其他装备方面都要高人一等，使他们能够在敌军面前表现出高贵气质，即使被敌军俘虏，也能让敌方对我军素质感到印象深刻。负责指挥巡逻队的军官也应在机警、智慧和经验等方面超出普通军官，因为这一任务所要求者并非勇敢，而是智慧和警觉。在报告称敌军距离尚远之时，将军想搜集关于敌军行动、道路条件以及设防地区的情报，他只应派出侦察兵前去侦察。若要进行一次旨在抓获战俘的突袭行动，则巡逻队也要和侦察队一同行动，不过侦察兵仍应在前方的隐蔽地点进行观察，而巡逻队依据侦察兵所设置的路标跟随在后方。

我军若遭遇惨败，应向多个方向派出多支巡逻队。这些巡逻队中的士兵数量应各自不同，并依据地形条件随时改变行动方式。另外，巡逻队互相之间应保持一定距离，这样一来，如果敌军接近过来并设法绕过了我方某支巡逻队，他们还会遭遇其他巡逻队，继而被我军发现。前出距离最远的巡逻队不需太多士兵，其后方距离第二远的巡逻队人数应相较更多一些，再后方的第三支巡逻队人数还应更多。我们必须时常检查巡逻队的执勤状况。在出人意料的时刻派出最可靠的军官前去视察。任何玩忽职守之人都应以陷全军于危险之罪处以重罚。一位有经验的侦察兵，即使在没有看到敌军的情况下，也应能从对方战马踩踏过的地面范围、敌军营地尺寸等迹象中估计出敌军规模。此外，他还要有能力根据敌军士兵或战马遗落下的物品，以及敌军留下的脚印，估计出敌军行经当地的时间。

若我军营地拥有壕沟或正规的石墙保护，骑兵部队也已经获准进入工事之内休整，巡逻队便不应被派出太远距离，以免他们不必要地劳损马匹。但若骑兵在工事外宿营，巡逻队便应被小心地组织妥当。

被指派担任巡逻队员的士兵必须受训如何捕捉战俘。他们应接受像狩猎一样的训练，学习如何在敌军无法看到自己，也无法侦察到自己的情况下跟踪对方。在试图抓捕战俘时，少数巡逻队员应故意让对方看到自己，并向后撤退，同时其余士兵则借助地形掩护，在敌军看不到的隐蔽状态下迂回过去，包围对方。在巡逻队主力前往某一地点隐蔽过夜时，应派出一些零散士兵在其他多处地点故意暴露行踪。抓捕战俘的最佳时机，在于敌军距离尚远，不曾料想到我军会采取这种行动之时。巡逻队的安排不仅应对敌军保密，对我方人员也一样要守口如瓶。如上所述，那些想要逃跑的我军士兵，会因此而意想不到地落入巡逻队手中。

各营营长应担负起抓捕敌军间谍和侦察兵的职责。营长们应在随机某日突然宣布，自己将命人在第二天第二个或第三个时辰吹响军号。届时，无论是士兵还是侍从，所有人都要立刻回到各自的帐篷之中，任何胆敢留在帐外的士兵都要受到惩处。在所有人都回到帐篷中之后，营长本人应留在外面，仔细检查并逮捕所有仍留在帐外的人物。普通士兵们也要逮捕所有进入自己帐内的陌生人，并将其押送给自己的指挥官。采取这种措施能够抓捕两种人，一种是不知道自己应去哪个帐篷的陌生人，另一种则是胆敢躲进某小队帐篷但却被认出来交给指挥官的外人。在所有这种临检中被抓住的人员，无论是罗马人还是外国人，都应被抓捕起来，并且严加审讯，以问出实情。这种办法在集中起全军所有骑兵、步兵的正规营地中很容易施行，而在师级或营级部队的营地中也是一样。另外，我们还可以使用其他办法来辨别间谍，例如下达一些命令或信号，让士兵们依据命令来做出反应等。这些措施不仅可以辨别出敌军间谍，而且可以让我军士兵习惯于服从长官，并能够仔细地听从命令。如果对于那些漫不经心之人能够进行合理惩处，其效果还要更好。我们应该按照这种方式，下达各种不同的命令，尤其是在部队清闲无事时，用以检测部队的纪律，并让士兵们习惯于服从命令。

围攻

第十章

一、如何在时机合适时围攻敌方要塞

我军营地必须拥有坚固的工事，其周围也必须部署大批最机敏的侦察兵，就连那些敌军最不可能出现的地区也必须严加监视，以免被围的敌军或外来的援军对我方进行奇袭。无论是白昼还是夜间，这种奇袭都会给我军带来危险。在围攻阿扎尼尼（Arzanene）时，我军指挥官就曾因此被敌军俘虏。

围攻军的第一要务，便是在可能的情况下，阻止食物和饮水等必需品进入城内。若被围者能够获得充足补给，则我军就必须准备攻城武器进行强攻。我军应尝试让一名相貌英俊、其战马也拥有华丽装备的士兵，在确保安全的情况下，尽可能地接近敌方工事，展示我方军威。那些军容没有那么威武的部队，则应留在后方守卫补给，其部署位置必须远离敌军，使城墙后的敌方士兵无法因这些人的外貌和战马轻视我方，反而认为我军所有士兵都像他们先前在城墙边上看到的那样威武。另外，我们还应让被围者认为我军拥有大批武装精良的士兵，为达到这一目的，我们应让那些没有铠甲的人员戴上锁子甲制成的兜帽。这样，从远处看来，这些人就好像穿了铠甲一样。另外，我们应将营地设在距离敌人足够远的地方，只有这样，敌人才会相信其目光所及范围内所能看到的我军人员，都是真正的士兵。

围攻刚刚开始时，将军不应向敌军提出严苛的议和条件。若这些条件对守军而言过于严苛，两害相权取其轻，敌军可能转而认为战斗到底才是更好的选择，以至于在绝望之下团结一致。与之相反，我军应提出一些更温和也更容易接受的条件，如交出马匹、武器或其他财产等。这些温和的条件，再加上敌军对于安全的盼望，便可能引导他们做出不同的选择，而他们在面临我军威胁时，也会对是否应该抵抗犹豫不决。为预防围攻战旷日持久，将军必须提前做好所有关于给养的准备，估算好每种任务或工作需要的士兵数量，并确保让所有士兵都有事可做。

我们绝不能每日都将全军带出营地去攻击敌方城墙，这只会导致全军筋疲力竭。反之，我们应将部队分成几组，让各部队轮班，各自工作几个小时。部分士兵应被安排在夜间工作，其余部队则在昼间工作。我军不仅应在昼间通过不断地攻击来骚扰敌人，同时还应在夜间利用专门的部队迫使敌军继续保持警惕。为保证我军士兵在休息时不受战场上的呐喊声和武器碰撞声所干扰，营地应设在距离敌军工事一至两里的地方，远离可以听到噪音和围攻战混乱声响的范围。我们不应发动漫无目的的鲁莽攻击，否则很可能会遭受损失，进而影响到我军士气，鼓舞敌军。若被围要塞规模较小，直接强攻的风险和代价都太大，而守军又拥有大量的给养，则我军便应不分昼夜地频繁骚扰敌军，直到对方筋疲力竭。若对方城墙内存在可以点燃的房屋，我军就应从四面八方，尤其是从顺着强风之处向其射出带火的箭矢。另外，弩炮也应使用所谓的"燃烧弹"来进行攻击。当敌军忙于灭火时，若地形允许，我军可架设云梯爬上城墙。在几乎所有的围攻战中，弩炮都是非常有用的武器。尤其是针对那些难以通过挖掘坑道或堆砌土丘来将攻城锤推进到城墙下的城堡。

二、如何迎击侵入我方领土的敌军

如果一支人数占优或与我方相当的敌军侵入我国境内，我军绝不应与其进行会战，尤其是在入侵刚刚开始时①。与之相反，我方应谨慎地日夜伏击对方，阻断其前进道路，抢占易守难攻的要地，摧毁敌人进攻路线上的补给。若我方一定要攻击敌人，那么在对方从我国领土上撤退时发动进攻效果更佳，此时敌军会因携带着大批战利品而笨拙不堪、筋疲力尽，战场距离他们自己的人

---

① 译注：这是因为在一支军队刚刚踏入敌国领土时，一定是士气最为高昂，状况也最好的时候，同时其行动也不会受战利品或俘虏的拖累。与之相对，居于被动的防守一方则可能会缺乏准备。

民也会更近。若你一定要与敌军进行会战，此时才是最佳时机。那些在本国土地上作战的人，通常会选择避免交战，他们有很多手段来挽救自己，因而不愿冒不必要的风险。另一方面，在敌国领土上作战时，他们反而可能会认为所有撤退行动都可能导致灾难性结果，因而会在绝望中选择殊死一搏。

我军最重要的任务便是确保军队安然无恙，只要能够确保这一点，敌军便无法轻易围攻某座要塞，或将手中的兵力分散开来，蹂躏乡里，因为他将始终受到我军监视，不得不保持手下军队的集中。

不过，将军即使已经下定决心不与敌军进行会战，他也必须为会战做好准备。将军必须表现出自己有计划进行会战的样子，并让全军所有士兵都坚信，他迟早都会对敌军发动进攻。这种消息传到敌军那里后，就会导致对方陷入麻烦之中。

若敌方国内的地形和情况适于我军进攻，我们便要做好计划，准备派出部队从另一条道路入侵敌国，以此来牵制敌军。当然，如前文所述，我们必须对战局情况和行军路线加以仔细研究，以便在敌军听说我军突袭的消息后，转过头来应对我方部队时，我军可以安全地从另一条道路离开敌国，避免被敌军的运动所切断。

我军所有必不可少的补给都必须集中在坚固要塞中，野外的牲畜也要清理干净。若敌军试图围攻我方某处设防阵地，我军便应摧毁敌军附近的给养，伏击敌人派出的征发队，以此来扼紧敌军的喉咙。

我军有必要加强那些位于易攻难守之处的要塞。依据战役的进展情况，我军还可能要派遣部分军队前往这些要塞以加强守备。另外，我方还应做好准备，将防御薄弱处的居民转移到更坚固的要塞中。

三、如何面对一场预计时间很长的守城战

你应该弄清楚敌军愿意花费多长时间来进行围攻作战，并以此为基础准备我军所需给养。如果你已经准备了足够充足的必需品，那么一切皆好。如若不然，就必须在敌军接近前将妇孺、老幼等无用之人撤到城外，只有这样你才能将所有的给养留给作战人员。另外，守军还应准备用于对抗敌军抛石机的武器。作为防御措施，我军应沿着胸墙悬挂厚重的毯子或大捆的绳索、松软圆木

等物。另外，还可以在墙外用砖块建造一层屏障。若想要抵御攻城锤，选择在城墙上悬挂软垫或填满谷壳、泥沙的麻袋要更为有效。若想要阻止对方拉动攻城锤，或想要将攻城锤破坏掉，则应使用铁钩、沥青、引火工具或拴在绳索、铁链上的锋利石块，后者可以利用安装在城墙上的机械突然抛下，之后再利用配重迅速拉回。

敌军推动攻城塔接近城墙时，我军应向其发射火弹或者石弹。若我方火力不足以阻止其前进，那就应在城墙内建造塔楼来与其对抗。必须注意的是，面对敌军进攻方向的塔楼不应安装顶棚，只有这样，士兵才能够不受阻碍地进行战斗，安装在塔楼里的远程武器也可以方便地发射弹药。我军应在塔楼朝向敌方攻城武器右侧的一面开设狭窄的小门，以便步兵们可以在手中盾牌和城墙上的友军的掩护下，安全地从这里冲出去发动突袭。凭借这种行动，他们便能够迫使敌军撤回自己的攻城武器。这些开口必须装上门板，以便在必要时加以封闭，此外这些小门也不应始终敞开。

卫戍部队应被分散部署在城墙各处，另外还应从其余部队中抽调出一支规模适当的预备队，用于在必要时增援某个受到威胁的地段。即使在紧急情况下，守卫城墙的部队也不应来回调动，进而导致某段城墙无人防守，这是十分危险的。若居民仍然留在城内，他们也必须加入到守卫城墙的部队中，帮助士兵们战斗。只有这样，才能保证他们足够忙碌，没有时间掀起叛乱。此外，赋予他们一些保卫城市的责任，也会让他们对叛乱行为感到不耻。

城门的守卫工作必须交给可靠的士兵负责。无论卫戍部队多么强大勇敢，也绝不能允许任何士兵或平民出城战斗，尤其是在围攻开始阶段。只有在敌军某些攻城武器对城墙造成了严重损伤之时，才有必要允许部队与敌军进行直接战斗。通常而言，防御工作应在城墙顶上进行，而不应让士兵们冒生命危险在城墙外进行白刃搏斗。因为在白刃战斗中，即使是最好的士兵也会阵亡或者受伤，而其余士兵们则会因此丧失勇气，使敌军能够轻易击败他们。显而易见的是，只要城墙上拥有足够的士兵，那么全城都是安全的，但如果有一段城墙被攻破，全城也都将陷入危险。若这座要塞拥有外墙，则我方应在那里部署哨兵，尤其是在夜间，以防有人想要叛逃到敌军那里，或秘密计划破坏城墙的防御设施。只有在箭矢能够杀伤敌军时，我军才应从城墙上放箭。

若城中的饮水来自蓄水池或井水，指挥官便应在一定程度上对用水加以控制。任何人都不应有权随意取用饮水。哨兵的轮班必须小心安排，尤其是在夜间。给养的分配也必须严格控制，所有给养都必须得到安全的保护，以免他们被路过之人随意偷取。

四、如何在不与敌军进行会战的情况下悄悄建造边境要塞

必须在事先进行详细彻底的侦察工作，找到一块可以在十到十二天之内用干燥建材建起城墙的易守难攻之处，并确保在敌军对城墙发动进攻时，其内部可以部署一支小规模卫戍部队。侦察部队还应查清周边地区是否拥有石材、木材或可用的砖块，水源是当地便有，还是可用某种技术手段获取。同时，我军还要征集足够数量的工匠，并提前准备好城墙上所需的大型武器和城门。另外我方还要准备一支拥有相当人数、士兵勇敢、装备精良的步兵部队，在聪慧英勇的军官率领下，携带三至四个月的给养，为工匠们提供掩护。若此时正值夏季，我们应将附近地区的田地烧毁，即使做不到这一点，也要用其他手段将其破坏①。我军还应散布谣言，声称要在其他地区发动进攻，并派出一支部队，携带足够确保其自身安全的给养，前去吸引敌军注意力。在前者出发次日，我们应开始鼓励那些即将担负卫戍任务的部队，通过奖赏或其他许诺，激发他们对于任务的热情。当敌军忙于在别处作战时，我们应将全军突然开进到预定地点，设立好警戒岗哨，让步兵们在工事四周设立营地，若地形允许还应挖掘深壕。若当地拥有石材或者砖块，便应建造一道防御墙，并用圆木将其牢牢撑住。若当地只有木材可用，便改为建造木墙，但同时要大幅缩小工事的覆盖范围。

用上述方式将预定地点圈好之后，若敌军前来攻击，而将军又觉得自己无法在会战中抵挡敌军，他就应在敌军接近前选择撤退，并在附近设立营地。这样一来，他既不会因离敌军太近而被迫接受会战，又不会离驻守工事的士兵太远，随时可以阻止敌军对工事施加过多的压力。两支部队间必须约定好通讯

---

① 译注：以免敌军在围攻该要塞时可以就地取食。

信号，一部分信号用于白天，另一部分用于夜间，这样守备队便可以将工事内的情况通知友军，后者也可以在必要之时前来救援。若情况对我方有利，步兵们有能力通过战斗逐退敌军，便事不宜迟，以免敌军对守备队产生实际威胁。确保局势安全之后，我军应立刻将工事扩建成一座永久性的坚固建筑，用灰泥对其加固，同时将其他一切细节都规划妥当。在面对主要依赖骑兵作战的民族时，应选在七月、八月或者九月来进行这种远征。在这些月份里，青草十分干燥，容易点燃，因此敌军骑兵很难在某处停留太长时间。

若筑城地点没有水源，没有河流或者水井，我军就必须准备大量的陶罐或者结实的木桶，并在其中装满饮水和一些从河床捞起来的干净沙砾。这些饮水必须足以供给守备队直至冬季降临或者工事内建起能够储藏雨水的正规蓄水池。为避免罐中的饮水变成死水，进而腐败发臭，陶罐和水桶上应凿开小孔，同时在其下方安置其他容器，这样一来，水便可以从孔中一滴一滴流到下方的容器中，始终保持流动。较小的容器被装满后，再将其中的水倒入陶罐或水桶中即可。通过持续不断的流动，饮水便可暴露于空气之中，不至于腐败。对于那些已经开始腐败的饮水，只要在里面倒入一些醋，即可迅速减弱或彻底去除异味。我军还应准备一些厚木板，将它们置于壕沟之中拼接成箱型，并用沥青、麻布和柳条将木板的缝隙以及连接处密封起来，制成中等大小的正规蓄水池，其数量可以是一个，也可以更多。蓄水池尺寸应为十尺见方，深度则在八至十尺之间。在工事内建起水泥蓄水池之前，应临时使用这些木质蓄水池，因为众所周知，饮水在较大的容器中可以保存更长时间。蓄水池中还应设置木质支撑结构，建造蓄水池所使用的木板也应该足够厚重，否则它们会被水的重量压垮，导致饮水流出。

各民族的特点和战术

第十一章

综述

前文已经对如何组织和指挥骑兵部队的原则进行了讨论。我们相信，若是违背了这些原则，在与敌军作战时便毫无安全可言。接下来，我们有必要再介绍一下那些可能给我国造成麻烦的各民族，他们的战术和特点。本章的目的在于，让需要和这些民族作战的将军们做好适当准备。由于各民族都有各自不同的阵型和战术，我军也不能用同一种办法对付所有敌人。有些民族英勇过人，但却冲动莽撞；另一些民族在攻击敌人时却能够冷静判断局势，有序行动。

一、如何对付波斯人

波斯人十分狡诈、虚伪，奴性很强，但同时也十分爱国，乐于服从上级。他们出于恐惧而服从上级，因此能够坚定地忍耐艰苦工作，在战斗中也会愿意为国牺牲。大部分情况下，波斯人会通过谨慎的计划和指挥艺术来达成其目的。他们会选择有序地推进计划，而不愿采取英勇却鲁莽的行动。由于他们生来便身处炎热气候之中，因此能够忍耐酷热、干渴、缺乏食物等困难。在进行攻城战时，波斯人十分强大，而在守城时，他们更加强大。在掩饰自己的弱点，英勇对抗不利局面时，波斯人拥有极为出色的技巧，甚至能够将这些不利转化为自己的优势。在谈判时，波斯人十分难以对付，他们绝不会主动提出任何条件，即使是那些对他们十分重要的事情也绝不开口，只待对手主动提出。

波斯人身着甲胄，手持弓矢和刀剑。他们能够比其他所有好战民族更快速地射出箭矢，但其弓箭的威力并不太强。战争中，他们会为营地设防，在会战将近之时还会在营地周围挖掘壕沟，并竖起削尖的木栅栏。他们不会将行李纵列安置在营地中，而是将其部署在一条专门为应对战败局面而挖掘的壕沟中。波斯人不会让马匹自行觅食，而是会使用人力来收集草料。

波斯人在排列战线时会分成三个实力均等的部分，即中央、右翼以及左翼。三者之中，中央部分还会额外配有四五百名精挑细选的精兵。其阵型纵深并不固定，但无论他们是让每个单位都部分为第一线和第二线，还是将所有骑兵都排进方阵队形①，波斯人都会保持阵型正面齐平且足够密集。备用战马和行李纵列会被安置在主力战线后方不远的距离上。在对付枪骑兵时，波斯人会迅速地在崎岖地形上组成战线，以便发挥自己的弓箭优势，因为枪骑兵发动的冲锋会因地形原因而四散崩溃。会战前，他们惯常使用的手段包括将营地设置在丘陵地带以及拖延战斗等，尤其是在他们知晓自己的敌人已经做好战斗准备的情况下。更重要的是，当会战真正开始时，他们会选择一天最炎热的时段发动进攻，尤其是在夏季。他们认为炙热的阳光和拖延战斗开始的时间，足以挫伤敌军的勇气和士气。在那之后，波斯人便会冷静且决心十足地投入战斗，以整齐密集的队形逐步前进。

波斯人会因遇到寒冷、降雨和南风等可能导致其弓弦变得松软的气候而感到极为困扰。此外，他们还十分害怕列好严整队形的步兵，以及适于枪骑兵冲锋的平整开阔地形。其原因在于波斯骑兵不使用骑枪和盾牌，而弓箭在近距离白刃战中又毫无作用。对波斯人进行正面冲锋能够起到十分有效的作用，因为他们会迅速逃跑，而且又不像西徐亚人那样懂得突然转身攻击敌军。由于波斯人不懂得在侧翼部署足以抵挡大规模侧翼攻击的侧卫部队，因此针对其战线侧翼和后方发动攻击或迂回行动可以很容易对其造成重创。同样，在夜间奇袭波斯营地也总是十分有效，因为他们在架设帐篷时经常杂乱无章，工事内也毫无秩序。

在与波斯人进行会战时，我军应排成前述章节中的阵型，并选择一片开

---

① 译注：即只有一条战线。

阔平整的战场。只要有可能，便应挑选那些没有任何沼泽、壕沟或灌木等能够导致队形破裂的障碍的地方。全军做好战斗准备，列好战线之后，如果你下定决心要在当天与敌军进行会战，便不要拖延，立刻发动进攻。进入弓箭射程之后，立刻以整齐、密集的常规阵型发动冲锋，因为在接近敌军之时的任何拖延，都意味着波斯人将向我方士兵和战马倾泻更多箭矢。

若我军不得不在崎岖地形上与对方进行会战，那么我军便不应让全军都骑马作战，而应该把士兵分为两部分，一部分组成步兵阵型，只留下另一部分继续骑马战斗。如前所述，在枪骑兵对马弓手发动冲锋时，除非他们能保持完整的整齐正面，否则就会遭受严重损失，并且无法与敌军短兵相接，而这又需要更加平整的地面才能做到。若我军没有完全做好战斗准备，则不应与对方进行会战，而应谨慎地派出一些散兵骚扰敌人，或对其进行一些小规模突袭，后者在适宜地形下是可以顺利进行的。不能让敌我任何一方士兵发现我方拒绝会战的真正原因，因为这只会长敌人的士气，灭我方的威风。如果我们选择在撤退时转身打击敌军，不要将兵锋指向敌军正面，而应打击对方的侧翼或者背后。波斯人在进行追击时会努力保持其正面阵型，却会将侧翼和背后暴露在转身对其发动反击的部队面前。出于同样的原因，若是一支在波斯人面前撤退的部队，转过身来对其正面发动进攻，便一定会在其秩序井然的正面上撞得头破血流。波斯人在进攻时不会像西徐亚人那样毫无秩序，而是会谨慎地保持阵型整齐。也正因为这一原因，转身反击的部队不应攻击其正面，而应毫不犹豫地打击其侧翼和后方。

二、如何对付如阿瓦尔人、突厥人以及其他生活习惯与匈人类似的西徐亚民族

西徐亚人的生活方式和组织结构十分原始，而他们之中还包含了很多不同的民族。这些民族中，仅有突厥人和阿瓦尔人会在意自己的军事组织，这也使他们在会战中比起其他西徐亚民族更加强大。突厥人的数量十分庞大，而且独立性很强。除了能与敌军英勇战斗以外，突厥人不擅长任何其他类型的人类活动。另一方面，阿瓦尔人则十分狡猾恶毒，在军事事务上经验十足。

这些民族拥有一套君主制的政府，其统治者会因臣民犯下错误而对他们

进行残酷惩罚。人民对统治者的服从出于恐惧而非敬爱，但也能在面对艰苦劳作时坚定不移。由于出身游牧，他们能够忍受炎热或寒冷天气，也能经受缺乏各种生活必需品的考验。这些民族十分迷信，阴险多变，邪恶且缺乏信仰，头脑完全被贪婪所占据。他们对誓言不屑一顾，不愿遵守协议，也不会满足于小恩小惠。哪怕是在接受对方贿赂之前，他们便已经在计划如何背叛、撕毁协议了。这些民族善于寻找合适时机，发挥自己的优势。相比利用武力压倒对手，他们更愿意使用欺诈、偷袭或切断对方补给的方式来击败对方。

西徐亚人身着甲胄，使用刀剑、弓箭和骑枪。战斗时，大部分西徐亚人都拥有双重武装——挎在肩膀上的骑枪以及手中的弓箭。他们会依据战斗需要交替使用二者。另外，西徐亚人除骑手本人身穿甲胄以外，显赫人物的战马也会拥有铁制或者毛毡制成的护胸。

西徐亚军队中拥有大批雌雄马匹，它们不仅是士兵们的食物，还能让军队规模显得十分庞大。即使直到会战当日，西徐亚人也不会向波斯人和罗马人那样为营地设防。他们会以部落或家族为单位，分散开来各自宿营，而且无论在夏季还是在冬季，都会选择用放牧的方式喂养马匹。会战即将到来时，西徐亚人会将战斗时所需要的马匹拴在帐篷边上将其看管起来，直到军队在夜幕掩护下开始排布战线。西徐亚人会在距离很远的位置部署哨兵，各哨兵之间联系也十分紧密，因此很难被敌军偷袭。

会战中，西徐亚人不会像罗马人或波斯人那样将战线分为三个部分，而会将全军分成好几支规模不等的部队。各部队之间距离十分接近，看起来就像是一条十分漫长的战线。除主力部队以外，西徐亚人还会拥有一个额外的支队，这支部队要么被派去偷袭不够谨慎的敌军，要么被留作预备队，支援受到重压的友军部队。西徐亚人会将备用马匹安置在战线后方不远的距离，行李纵列则位于战线左侧或右侧一至二里的距离上，由一支中等规模的部队负责守卫。他们还经常将额外的马匹拴在一起，安置在战线后方作为一种屏障。西徐亚人会依据环境不同调整阵型纵深，但通常他们更倾向于采用较大的纵深，同时保持完整而密集的正面。

西徐亚人惯于在远距离上与对方交战，或是伏击、包围对手。他们也善于在诈败之后回身反击，或分散成小股部队，采用楔形队形进行冲锋。一旦将敌军击退，西徐亚人不会像波斯人、罗马人或者其他民族那样谨慎，也不会在追击一段合理的距离后便去洗劫敌军物资。他们在彻底击溃敌军之前绝不会停下脚步，而是使出浑身解数追击到底。若是被他们追击的敌军中有一部分逃进了要塞，他们便会尽一切努力去查清对方在马匹或士兵所需的给养方面是否存在某些短缺。之后便利用这种给养的短缺去拖垮敌军，迫使敌人接受对他们有利的停战协议。西徐亚人会先提出较为宽松的条件，一旦对方同意，便会得寸进尺地拿出更为严苛的条款。

西徐亚人会因随军携带大量马匹而受到草料短缺的困扰。在进行会战时，即使遭遇一支排成密集队形的步兵阻击，西徐亚人也不会下马步战，因为他们无法长时间步行战斗。西徐亚人由于从小便在马背上长大，缺乏步行锻炼，因此根本无法用自己的双腿行走[①]。在与他们战斗时，我军应选择平整开阔的土地，并派出一支骑兵部队主动以整齐的密集队形发动进攻，与他们短兵相接。对西徐亚人进行夜袭也会十分有效。此时我军应让一部分部队维持在原有的位置上，其余部队则隐蔽起来伏击敌军。变节和临阵脱逃的行为在西徐亚人之间很常见，使其受害颇深。西徐亚人无情无义，贪婪至极，其军队也是由大批没有血缘关系，不懂得互相团结的部落组成。只要有少数逃兵受到我军优待，大批西徐亚人便会接二连三地变节。

在西徐亚人准备进行会战时，我军的第一要务便是让侦察兵们警觉起来，将他们按照通常的间隔布置好。接下来，我们应制定好作战计划，并为会战失利做好准备。提前为紧急情况选好可供防守的阵地，收集所有可以征发的给养（尤其是饮水），使其足以支撑马匹和士兵们数日时间。在此之后，还要按照前述相关章节，将行李纵列安排妥当。若我军中拥有步兵，则应按照步兵们自己民族的习惯阵型，将其部署在第一线。全军则应以中央突出阵型的图示那样，将骑兵部署在步兵背后。若军中只有骑兵能够迎战，则应按照书中有关阵型的章节所述方式将其列成战斗队形。另外我军还应在两侧部署大量的精锐部队，后方也要拥有足够的后卫。追击西徐亚部队时，攻击部队与防御部队的

---

① 译注：这一点毫无疑问是过分夸张，完全不属实。

距离绝不能超过三至四箭距离，冲锋时也不能头脑发热。若情况允许，我军应选择一片没有树林、沼泽或低地可供敌军伏击部队隐藏的开阔平原排列战线，并在战线四周一定距离外布置好侦察兵。在可能的情况下，我军战线后方应倚靠在一条无法涉渡的河流、沼泽或湖泊上，以此来确保我军后方安全。即使会战结果对我方有利，也不能急着追击敌军或行事鲁莽，因为西徐亚人不会像其他民族那样在第一次战败后便放弃抵抗，而是会拼尽全力，使出一切办法来转败为胜，直到彻底筋疲力竭才告罢休。若我军由步兵和骑兵混合编成，即使大部分士兵都是步兵，也还是必须要为马匹准备好必要的草料。在敌军接近之后，骑兵部队绝不能派遣征发队外出。

三、如何对付法兰克人、伦巴第人等浅发民族

浅发种族视自由高过一切，他们在作战时勇敢无畏、大胆冲动。在他们看来，任何胆怯行为，甚至是向后撤退一小段距离，都是十分丢人的。他们在面对死亡时表现出的平静，与其在白刃搏斗中表现出的凶猛互相映衬，无论在骑马作战时，还是在步行作战时都是一样。如果在骑兵交战中受到重压，只要发出一声预先安排好的信号，他们便会下马组成步战队形。即使仅有少数士兵对抗大批敌方骑兵，浅发民族也绝不会怯战。他们所使用的武器包括盾牌、骑枪以及挎在肩膀上的短剑。相对而言，他们更愿意步行作战，并通过快速冲锋来压倒对手。

无论是步行还是骑马作战，浅发民族在排列战线时都不会依照固定的标准和阵型来部署，也不会将士兵们编组成团或者师。他们会依据互相之间的血缘关系或者共同利益来布置各个部落。这种布置方式通常会带来一种结果，即当自己的亲朋好友在战斗中阵亡后，其余人员便赌上性命为其复仇。战斗时，他们会排出整齐密集的正面。无论骑马还是步战，浅发民族在冲锋时都一样冲动鲁莽、毫无纪律，就好像这世上只有他们不是懦夫一样。浅发民族不愿服从上级，对于任何稍显复杂之事都毫无兴趣，并且也不关心外部环境是否安全，甚至对自己所拥有的优势也满不在乎。他们对于保持良好的秩序感到厌恶（尤其在骑马作战时）。由于十分贪婪，他们很容易被金钱腐化。

浅发民族惧怕艰难环境和饥荒。他们虽然具有勇敢大胆的精神，但体格

却十分娇贵软弱，无法平静地忍受痛苦。除此以外，炎热、寒冷、降雨、缺乏给养（尤其是葡萄酒）和战事拖延等情况都会使他们叫苦不迭。在进行骑兵战时，他们会在不平整或被树林所覆盖的地形上吃亏。浅发民族战线的侧翼和后方很容易遭到伏击，因为他们根本不懂得派遣侦察兵或采用其他任何戒备手段，他们的战线还很容易被诈败后的反击所击溃。而且由于浅发民族的营地十分杂乱，在夜间利用弓箭手对其进行袭击，也会给他们造成巨大伤亡。

综上所述，在与浅发民族作战时，我军必须尽可能避免与其进行正面会战，尤其在战役的早期阶段。与之相对，我们应尽可能利用计划缜密的伏击、偷袭和诡计来对付他们，拖延战事，扰乱对方的战机，假作要与他们商定停战协议，并利用对方补给的短缺或炎热、寒冷等不良天候来挫伤其勇气和狂热。我军只要在崎岖难行的地面上建立设防营地，便不难做到上述之事。在这种地形环境下，使用骑枪的浅发民族无法在进攻中取得成功。若在时机对我军有利之时与浅发民族进行会战，则应按照前述有关阵型的章节来排列战线。

四、如何对付斯拉夫人、安特人及其他相似民族

斯拉夫人和安特人有着相同的生活方式和风俗。他们都是十分独立的民族，绝不愿被任何人奴役或者管辖，至少不愿在自己的国土上落入如此境况。这两个民族人口众多，人民也十分坚韧，能够忍受高温、寒冷、多雨、缺乏给养甚至衣不遮体等各种艰难情况。

他们对来到自己国土上的旅行者十分热情友好，甚至愿意保护旅行者前往任何他想去的地方。若有外来人因主人的忽视而受到伤害，介绍这位旅客去那儿的介绍人便会对接待旅客的主人发动战争，并把为旅客复仇视作一种宗教义务。另外，他们也不会像其他民族那样将战俘当作永久性的奴隶来驱使，而是会为奴役时间设定一个固定的期限。到期后，战俘既可以选择带着一笔小额的补偿金返回家乡，也可以作为一位自由人和朋友留在当地。

他们拥有大量各类牲畜和堆积如山的作物，尤以谷物和大麦居多。他们的妇女也要比世上其余任何民族的更加感性。举例而言，如果丈夫去世，不少妇女会将之视作自己的死期，并上吊自杀，而不会作为寡妇继续生活下去。

这些民族居住在无法通行的森林、大河、湖泊和沼泽中间。其定居点则

会延伸出数条通往外界的道路，以应对可能的危险情况。他们会将自己最有价值的财产埋在秘密地点，不让外人看到除生活必需品以外的任何东西。他们过着强盗一般的生活，十分喜欢在树木茂密、狭窄或陡峭的地方攻击敌人。其伏击、奇袭、突击都十分高效，而且能够在夜晚或者白昼使出各种不同的办法。斯拉夫人和安特人在渡河方面的经验也要超出其他民族，而且他们还极擅长在水下潜伏很长时间。如果他们在自己国土上被敌军突袭逼上绝路，经常就会跳河潜入水中。他们会事先为这种情况准备好中空的长芦苇秆，其长度足以伸出水面以上。在水下时，他们能平躺在河床上等待数个小时之久，而其余任何人都不会发觉河水中有人潜伏。若以一位缺乏经验的士兵来看，他肯定会认为那些伸出水面的芦苇秆就是从河床中正常生长出来的植物而已。熟知这种诡计的士兵则能够从芦苇秆的切割痕迹和它们在河中的位置将潜伏者识别出来。此时他既可以猛地把芦苇秆向下插进潜伏者的嘴里，也可以把它拔出来，迫使此人浮上水面。只要失去这根芦苇秆，他们便无法在水下继续停留。

斯拉夫人和安特人使用短标枪作为武器，每人携带两支。一些人还拥有十分美观却并不好用的盾牌。另外，他们还拥有木制的弓箭，其较短的箭矢上也会涂有一种十分有效的剧毒。中箭者若不能及时服用解药，或由对这种毒箭拥有经验的医生进行治疗，那么他就只能立刻将受伤部位周围的皮肉剜下来，以免毒性蔓延到身体其余部位。

由于没有中央政府，而斯拉夫人和安特人各部落间又互相厌恶，导致他们并不适合与敌人进行会战。他们无法排成密集队形与敌军战斗，也无法在开阔平整的地形上作战。如果这些人真的鼓起了足够勇气发动进攻，他们便会齐声呐喊，并向前推进一小段距离。若其对手被呐喊声所吓倒，他们便会猛烈进攻，如若不然，他们便会转身后退，并不急于在近距离交战中考验对方的实力。之后他们便会跑到树林中，这些民族很擅长在这种狭小的空间里作战，因而能够占据巨大优势。在手中拥有战利品时，他们还经常假作惊慌之相，逃进树林。对手分散开来抢劫战利品时，他们又会平静地走出树林打击敌人。在这种行动中，他们总是能使用各种不同的办法来引诱敌人。

这些民族完全不讲信用，不守条约，他们之所以会和敌人订立和约，也主要是出于恐惧，而非敌人给予了他们什么好处。当他们内部出现不和时，我军便很难与对方达成任何停战协议，即使其中一部分人愿意与我方和谈，其余人也会激烈反对双方已经谈好的协议。其互相之间总是你来我往，互不相让。

战斗中，弓箭齐射、从不同方向发动奇袭、使用步兵，尤其是轻装部队与其短兵相接，以及在开阔平整地形上与其作战，都能使斯拉夫人和安特人陷入困境。因此，我军在对付这些民族时，应让骑兵和步兵配合作战，尤其应在军中编入轻装部队和标枪手，并随军携带大量矢石，不仅包括箭矢，也包括各种投掷武器。另外，我们还应携带架桥所需的各种资材。如果可能，应尽可能以架设浮桥所需材料为主。只有这样，你才能在无须花费过多精力的情况下，穿过其国土上那些数量众多而又无法涉渡的河流。这些桥梁应使用西徐亚人的方式来建造，一部分士兵负责架设框架结构，另一部分士兵负责铺设桥板。另外，你还应准备牛皮或羊皮来制成皮囊，以便在夏季对敌人发动奇袭时，供士兵游泳过河时使用。

不过，最适宜对这些民族发动进攻的时节还是冬季，此时他们无法轻易躲在光秃秃的树林中，我军也可以通过雪地上的痕迹来寻找逃敌。另外，他们的家人会因暴露在寒冷天气中而痛苦不堪，同时封冻的河流也可以让我军轻易穿过。发动进攻战役时，我军应将大部分牲畜和足够数量的军需装备留在后方的安全地点，为其配置合适的卫兵，并由一位军官负责看管。战舰（Dromon）应在某个战略要地下锚[①]。一个由优秀军官率领的骑兵团也应留下来保卫这片地区。这样一来，主力部队在前进时便不会因后方遭到敌军伏击而分心。此外，我方还应散布谣言，声称我军已经计划要在其他地区对敌人展开进攻。在这些谣言的影响下，敌人的部落首领会感到十分紧张，个个担心自己的土地受到威胁，从而无法集中起来对我军造成威胁。绝不能将佯攻部队部署于多瑙河附近，否则敌军便会获悉这支部队人数稀少，不会对其太过在意。但同时佯攻部队也不能被部署得太远，以便他们能够在必要情况下及时与侵入敌国的主力会合。佯攻军队应部署在距离多瑙河一天路程的位置上。入侵军主力应出其不意

---

① 译注：莫里斯写作《战略》一书的时代，罗马人与斯拉夫人以多瑙河为界，因此罗马舰队也经常会沿着黑海海岸和多瑙河伴随陆军一同行动。

地突然越过多瑙河，在开阔平整的土地上攻入敌方领土。在那之后，我方还应立刻派出一位能干的军官，率领一些精兵在前行动，去抓捕一些能够提供敌军情报的俘虏。除非已经进行过彻底的侦察，否则我军应尽可能避免穿过森林或地形崎岖之处。若敌军在这些地区出现，则我方应首先利用步兵或骑兵将他们逐退，之后再穿过该地。在不得不穿过狭窄隘路，而且预计返程也将途经此处时，应采取前文相关章节所述的办法，清理地面、拓宽道路，或在此处留下一支相对强大的军队驻守。我军在返程时很可能会因携带战利品而变得笨拙，此时那支留守军队便可用来对付那些躲藏起来，准备伏击我军的敌人。

另外，我们还应尽可能避免在树木茂密的地区建立营地或者露营，因为敌人可以躲在树林之中发动进攻或袭扰战马。步兵应秩序井然地驻扎在设防营地之内，骑兵则在其外侧宿营。哨兵应组成一条宽广的环形哨戒线，将放牧的马匹环绕在内。若我军能够征发到足够给养并送到营地中，战马也可日夜留在营地以内。

若遇到适于会战的机会，不要将你的战线纵深排布得太大，也不要将所有兵力都集中在正面，其他方向也应加以注意。假如敌人占据了一块坚强的阵地，其后方也拥有掩护，我军没有机会通过迂回行动来攻击对方侧翼和后方，那么我军便有必要将一部分部队隐蔽起来，并让其余部队在敌军面前诈败，引诱敌军进行追击。如果敌军抛下了自己的坚固阵地，我军便可掉头反击，同时那些隐蔽起来的部队也应趋前发动进攻。

由于这些民族的国王总是陷入与他人争权的泥潭之中，因此我们可以很容易地通过说服或贿赂的方式来拉拢一部分斯拉夫人或安特人，尤其是那些距离我方边境更近的部落。在做到这一点后，我军便应对其他部落发动进攻。这些民族内部的敌意导致他们无法团结在一位统治者麾下一致对外。对于那些在我方命令下为军队引路或提供敌军情报的所谓"难民"，一定要严加看管。有时即使是罗马人，也会忘记自己的同胞，转而去赢取敌人好感。我们应奖赏那些保持忠诚的人，惩罚那些作恶的人。在周边地区找到的给养也不能随意浪费，而应该用驮兽和船只将其送回我国境内。斯拉夫人和安特人国土上有不少河流最终会汇入多瑙河，这也会大大方便我军的船运工作。

步兵不仅在狭窄关口、设防要塞等地是必需的兵种，而且对于在崎岖地形和河流沿岸作战也十分重要。即使在面对敌军的情况下，步兵也有可能成功架桥渡河。只要我军能够在夜间或昼间悄悄地将一支既有重装人员又有轻装人员的小规模步兵部队送到河对岸，并立刻将其列成战斗队形，让其后方倚靠在河岸上，这支部队便能为架桥工作提供足够的掩护。在穿过狭窄渡口或隘路时，我军有必要根据地形情况部署合理的后卫部队，并让其随时做好战斗准备。之所以如此，是因为当我军因地形原因而前后脱节，前方部队无法支援后方部队时，敌军很可能会趁机发动进攻。对敌军进行奇袭时，应遵循惯常的办法，让一个支队从正面接近敌人，向对方挑战，同时再派遣另外几支由步兵或骑兵组成的支队秘密部署于敌军背后。若敌军不愿意交战，决心远离位于其正面的我军支队，他们在撤退时便会出其不意地遭到我军其他支队攻击。夏季，我军应不断攻击对方，而此时我们的劫掠对象则应选择更加开阔、平坦的土地，同时还要做好在敌国建立设防阵地的准备。这样一来，我们便可以帮助那些被敌军俘虏后又成功逃出敌手的罗马人重获自由。而夏季茂密的植被，也可以让那些俘虏在逃亡时能够更加容易一些，而不必担心敌军的追捕。

关于行军、侵入敌国、蹂躏敌方土地，以及其余那些或多或少与之相关的行动，都应按照书中有关如何入侵敌方领土一章中所述的办法去进行。本章中我们将尽可能简单叙述。斯拉夫人和安特人会沿着河流建立定居点，各定居点之间距离也非常接近。事实上，这些定居点原本便应是连成一片的，只是被树林、沼泽、芦苇荡等障碍物隔开了而已。因此，在入侵斯拉夫人和安特人国土时，经常出现我军忙于对付敌军第一个定居点时，其余临近定居点中的居民听闻战事消息后轻松地带着财产逃进附近森林的情况。在那之后，他们中的作战人员又会回到战场，抓住机会，利用森林的掩护攻击我军，导致入侵军队无法给他们造成太多损失。正因为如此，我军必须对敌军进行奇袭，最好是能够在敌军意想不到的地点发动进攻。进行奇袭行动时，我军应提前安排好各战队、各营的序列，让他们知晓哪支部队位于全军最前方，哪支部队紧随其后，哪支部队位于第三位。这些部队应按照这一序列，各自沿着严格规定好的路线行军，以避免各部队混在一起，进而导致军队因需要整理战线而丧失战机。在没有被敌军发现的情况下渡过多瑙河后，若有两处敌方据点可供进攻，则应将我军分为两队，其中由副将率领的一队不带行李纵列，但必须做好会战准备。

他们应在无人居住的土地上向前推进十五至二十里，绕过敌人的侧翼，再从山区对敌人发动进攻。接近敌方定居点之后，副将便应开始进行洗劫行动，直到他与将军所率领的部队重新会合为止。将军本人的另一半军队则应从敌方定居点另一侧展开入侵和洗劫的行动。两支军队应同时进军，摧毁、洗劫二者之间的所有定居点，直至双方在某个预定地点会合。到达预定地点后，两支部队应共同宿营度过夜晚。若我军的攻势能以这种方式成功进行，则敌军便会在躲避一支军队时落入另一支军队手中，无法获得喘息之机。

即使只有一条道路可以入侵敌军定居点，我军仍应分为两个部分。副将率领半数或更多士兵，不带行李纵列，做好战斗准备。他亲自率领直辖的战队走在全军最前方，其余各营的指挥官也应伴随在副将左右。接近第一座定居点之后，副将应派遣一到两个战队，一部分进行抢劫，其余部队则为他们提供掩护。明智的指挥官不会为抢劫第一个定居点派遣太多部队，即使那个定居点规模较大也还是一样。在我军抵达时，当地居民不会拥有足够时间来组织任何抵抗，因此不需要太多部队便可对付。副将本人则应率领部队继续快速前进，只要其手中仍有足够兵力，他便应使用相同手段去洗劫沿路每一个定居点。副将本人不应参与这些行动，而应带领三到四个战队，也就是一千名精锐士兵，随时为其他部队提供掩护和警戒，直到整个入侵行动告终。

在副将进行这些行动的同时，将军率领部队紧跟其后，派遣劫掠部队与副将的手下一同行动，将军本人则跟随副将的脚步前进。在劫掠行动结束之后，副将应转过头来，将自己留在行军路线上的那些劫掠部队集合起来。将军与副将会合后，两军便应在当地共同宿营过夜。进行这种分兵两路的奇袭时，每日行军距离不应超过十五至二十里。只有这样，两支部队才能在一天之内完成行军、抢劫等行动，并在当夜会合起来一同宿营。在这种远征行动中，如果遭遇有抵抗能力的敌人，我们不要活捉敌军，而应将其全部杀光，以便迅速进行下一步行动。行军时，我们绝不能被这些人拖住脚步，而应紧抓战机。

到了这里，我们已经尽自己最大的努力，依据自己的经验和古时的著作，对这些课题进行了讨论，并将我们的思考记录下来，希望能使读到这些文字之人受益。那些在作战中可能遭遇，但本书中又没有讨论的课题，则应以书中的内容为参考，辅以作战经验的教训和事物本质的原理，尽可能加以解决。

无论是我们，还是任何其他人，都不可能在一部书中讨论未来可能出现的一切情况。也不可能在书中预知敌人接下来会采取什么行动，又会养成什么样的战争习惯。无人可以预知未来的情况，人们也不可能仅凭单独一种思维方式，去理解世间所有的战争。将道本身是一种非常多样化的艺术，其中包含有很多种不同的作战手段。因此，将军们也必须花费一些时间，恳求上帝赋予自己能发挥出天分以压倒敌军的能力。人心深不可测，将军们总是能制定出大量各种计划，并用狡猾的方式将它们付诸实施①。

---

① 译注：此处很明显是《战略》一书原本的结尾。截至此处，莫里斯所讨论的全部课题都仅限于骑兵或以骑兵为主力的军队。而后面第十二章有关步兵和步骑混合作战的章节又与先前十一章在结构上存在不少重复之处，很可能是莫里斯在后来为指导步兵的改革，教导将军应如何让步兵和骑兵配合作战而另外写作、添加的。

步骑混合阵型、步兵阵型、营地图示以及狩猎

第十二章

步骑混合战斗阵型

一、步骑混合战斗阵型图例

ȸ 指挥全军的将军

Φ 副将

ᶆ 骑兵师长

Ṅ 步兵师长

ᴍ 骑兵团长

┿ 骑兵攻击战队

ძ 骑兵防御战队

τ 重装步兵

ι 轻装步兵、弓箭手、标枪手

K 骑兵

二、步骑混合战斗阵型

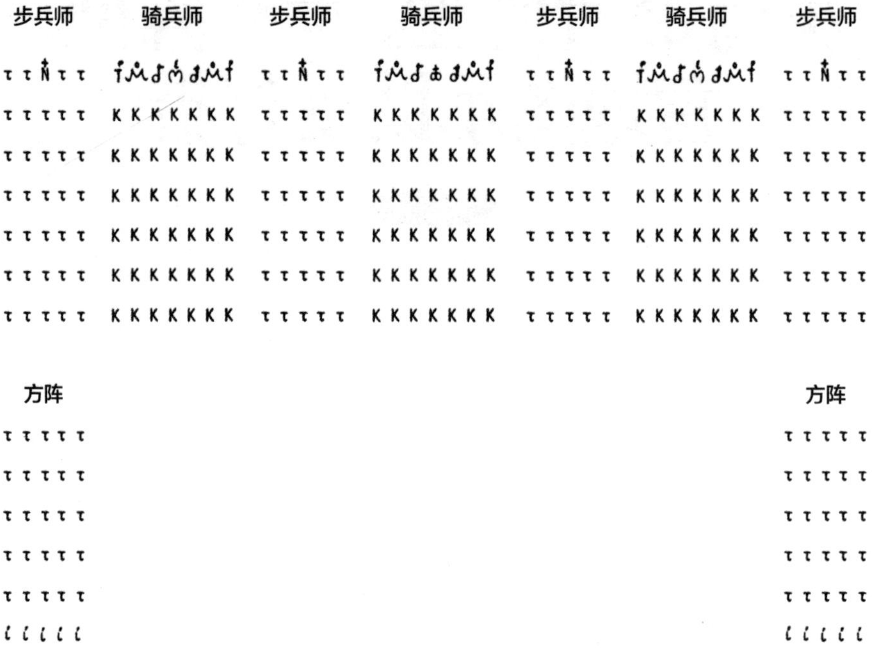

步兵师	骑兵师	步兵师	骑兵师	步兵师	骑兵师	步兵师
ττ Ñ ττ	ʄ ʍ ʒ ʍ ʄ	ττ Ñ ττ	ʄ ʍ ʒ ʍ ʄ	ττ Ñ ττ	ʄ ʍ ʒ ʍ ʄ	ττ Ñ ττ
τ τ τ τ τ	K K K K K K	τ τ τ τ τ	K K K K K K	τ τ τ τ τ	K K K K K K	τ τ τ τ τ
τ τ τ τ τ	K K K K K K	τ τ τ τ τ	K K K K K K	τ τ τ τ τ	K K K K K K	τ τ τ τ τ
τ τ τ τ τ	K K K K K K	τ τ τ τ τ	K K K K K K	τ τ τ τ τ	K K K K K K	τ τ τ τ τ
τ τ τ τ τ	K K K K K K	τ τ τ τ τ	K K K K K K	τ τ τ τ τ	K K K K K K	τ τ τ τ τ
τ τ τ τ τ	K K K K K K	τ τ τ τ τ	K K K K K K	τ τ τ τ τ	K K K K K K	τ τ τ τ τ

方阵		方阵
τ τ τ τ τ		τ τ τ τ τ
τ τ τ τ τ		τ τ τ τ τ
τ τ τ τ τ		τ τ τ τ τ
τ τ τ τ τ		τ τ τ τ τ
τ τ τ τ τ		τ τ τ τ τ
ι ι ι ι ι		ι ι ι ι ι

该阵型适用于在与敌军骑兵部队战斗时，我军骑兵人数等于或少于步兵人数的情况。

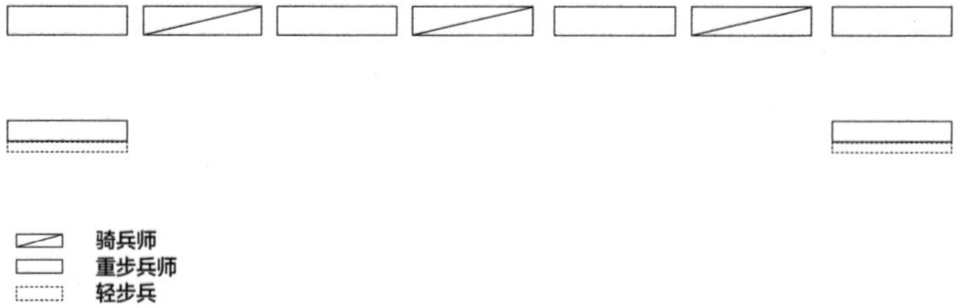

骑兵师
重步兵师
轻步兵

◎ 步骑混合阵型（一）：与前面的骑兵阵型相同，莫里斯在绘制步骑混合阵型时，宽度与纵深的比例也与实际相差较多，因而本书也重新绘制了比例更加合理的图示

三、步骑混合战斗阵型之二

第一线的骑兵阵型

K K K K K K K K K K
K K K K K K K K K K
K K K K K K K K K K
K K K K K K K K K K
K K K K K K K K K K
K K K K K K K K K K
K K K K K K K K K K
K K K K K K K K K K

K K K K K K K K K K
K K K K K K K K K K
K K K K K K K K K K
K K K K K K K K K K
K K K K K K K K K K
K K K K K K K K K K
K K K K K K K K K K
K K K K K K K K K K

第二线的步兵阵型

τ τ τ τ τ τ τ τ τ τ τ τ
τ τ τ τ τ τ τ τ τ τ τ τ
τ τ τ τ τ τ τ τ τ τ τ τ
τ τ τ τ τ τ τ τ τ τ τ τ
τ τ τ τ τ τ τ τ τ τ τ τ
τ τ τ τ τ τ τ τ τ τ τ τ
τ τ τ τ τ τ τ τ τ τ τ τ
τ τ τ τ τ τ τ τ τ τ τ τ
ι ι ι ι ι ι ι ι ι ι ι ι

　　该阵型适用于与敌军骑兵战斗时，我军骑兵人数多于步兵，但与敌军骑兵数量相当的情况。此时我军应组成两条骑兵战线和一条步兵战线。确保各战线之间保持一箭射程的距离。各骑兵单位应分别以疏开队形和密集队形编入战线。

骑兵师
步兵师

◎ 步骑混合阵型（二）

四、另一种阵型

K K K K K K   τ τ τ τ τ τ τ τ τ τ   K K K K K K K

K K K K K K   τ τ τ τ τ τ τ τ τ   K K K K K K K

K K K K K K   τ τ τ τ τ τ τ τ τ   K K K K K K K

K K K K K K   τ τ τ τ τ τ τ τ τ   K K K K K K K

K K K K K K   τ τ τ τ τ τ τ τ τ   K K K K K K K

K K K K K K   τ τ τ τ τ τ τ τ τ   K K K K K K K

K K K K K K   τ τ τ τ τ τ τ τ τ   K K K K K K K

K K K K K K   τ τ τ τ τ τ τ τ τ τ   K K K K K K K

保护骑兵的后卫   **保护骑兵的后卫**

τ τ τ τ τ τ τ τ   τ τ τ τ τ τ τ τ

τ τ τ τ τ τ τ τ   τ τ τ τ τ τ τ τ

τ τ τ τ τ τ τ τ   τ τ τ τ τ τ τ

τ τ τ τ τ τ τ τ   τ τ τ τ τ τ τ

τ τ τ τ τ τ τ τ   τ τ τ τ τ τ τ

τ τ τ τ τ τ τ τ   τ τ τ τ τ τ τ

τ τ τ τ τ τ τ τ   τ τ τ τ τ τ τ

τ τ τ τ τ τ τ τ   τ τ τ τ τ τ τ

ſ ſ ſ ſ ſ ſ ſ ſ   ſ ſ ſ ſ ſ ſ ſ

ſ ſ ſ ſ ſ ſ ſ ſ   ſ ſ ſ ſ ſ ſ ſ

该阵型适用于与敌军步兵战斗时，我军步兵多于骑兵的情况。

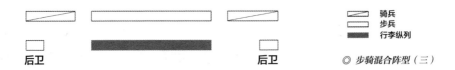

骑兵
步兵
行李纵列

后卫   后卫

◎ 步骑混合阵型（三）

五、横队

ττττττ   ττττττ   ττττττ   ττττττ

ττττττ   ττττττ   ττττττ   ττττττ

ττττττ   ττττττ   ττττττ   ττττττ

ττττττ   ττττττ   ττττττ   ττττττ

ττττττ   ττττττ   ττττττ   ττττττ

ττττττ   ττττττ   ττττττ   ττττττ

ττττττ   ττττττ   ττττττ   ττττττ

ττττττ   ττττττ   ττττττ   ττττττ

ℓℓℓℓℓℓ   ℓℓℓℓℓℓ   ℓℓℓℓℓℓ   ℓℓℓℓℓℓ

ℓℓℓℓℓℓ   ℓℓℓℓℓℓ   ℓℓℓℓℓℓ   ℓℓℓℓℓℓ

该阵型适合在光秃、开阔的地方作战。

▭ 步兵

◎ 步兵横队

六、纵队

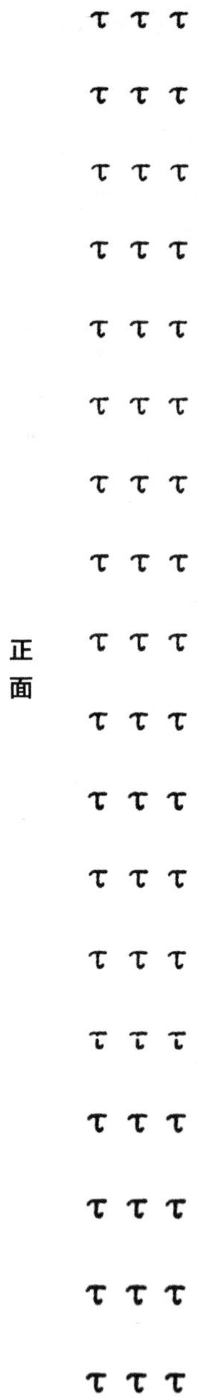

τ τ τ

τ τ τ

τ τ τ

τ τ τ

τ τ τ

τ τ τ

τ τ τ

τ τ τ

正
面　τ τ τ

τ τ τ

τ τ τ

τ τ τ

τ τ τ

τ τ τ

τ τ τ

τ τ τ

τ τ τ

τ τ τ

　　在通过隘路、崎岖地形、浓密森林时，有必要采用这种阵型。根据地形不同，部队可分为两线、三线或四线分别组成纵队。

七、中空阵型

如何才能排布出一个步骑混合阵型或中空的阵型，又应如何让其发挥作用呢？

步兵方阵的纵深和战斗队形必须依照士兵们的特点和兵力规模来布置。若军中骑兵数量多过步兵，我军可以将骑兵的纵深布置为八排甚至十排，同时步兵纵深则应较小，为四至五排。若步兵多于骑兵，则依照完全相反的办法来布置。在步骑混合部队中，骑兵和步兵的合理比例应为一比二。但即使骑兵只占全军数量的四分之一，全军也一样可以保持平衡。若我方将要迎战一支强大的外族部队，而军队又处在良好的状态之中。我们认为，在我军需要熟悉敌方情况的第一战中，一位明智的将军应将步兵列成八排重步兵加两排轻步兵的队列，而骑兵则保持八至十排纵深。这种队形可以抵挡敌军任何用冲锋来打破我军阵线的企图。我军计划主动对敌军发起进攻时，五排重步兵加一排轻步兵的纵深便已足够，再辅以骑兵在后保护，敌军便很难打破我军阵型。位于战线两侧的侧卫应各自拥有一千至一千两百人，排成中空四方阵型的后卫则应有大约五百名轻重步兵。另外，有时将后卫排列成所谓的"楔形队形"，也是十分有用的。骑兵应收到命令：一旦步兵击败对手并迫使其撤退，在一声令下之后，位于骑兵前方的步兵行列应在营长或单数兵（Primi）带领下两列并做一列，以便在战线中让出一个空当。在此之后，骑兵便应从这个空当之中，以良好的秩序稳步穿过，以避免踩踏步兵。穿过步兵方阵的行列之后，位于前排的半数骑兵应在加快步伐同时尽可能保持统一步调，在敌军后方三箭或至多五箭距离上进行追击。他们也不能距离敌军太近，以免遭到伏击。后排的半数骑兵则应以严整的秩序跟在后方，维持紧密、齐平的正面。这样一来，若前方的骑兵被敌军击退，后方保持着整齐队形的骑兵部队便可以迎击敌军。步兵方阵也应保持战斗队形，跟在骑兵后方。最好应在步兵两侧各部署一个营左右的骑兵，以便在需要时为步兵提供支援。另外，在所有骑兵都投入追击之时，这两支骑兵部队也能以袭步赶上前去，前进到前方骑兵战线的侧后，组成骑兵的侧卫。与此同时，步兵则担负起掩护骑兵后方的责任。当前后两条骑兵战线都无法阻止敌军反击，骑兵因此撤退到了步兵背后时，两支侧卫也应回到步兵战线两侧的位置，但其位置要稍微拖后一些，以避免发生混乱。在此之后，步兵应取消先前排成的大纵深队形，重新将空当填满以抵挡敌军攻击。若敌军接近至弓箭射程以内，并试图凭借冲锋来打破我们的方阵（这对他们自己而言是一种非常危险的行动），步兵便应依照常规方式收紧队形。每列第一、第二、第三排的步兵组成龟甲阵（Foulkon），把盾牌互相连结起来，并将长矛的尾部固定在地面上，矛头指向前方，伸出至盾牌以外。任何敢于接近过来的敌人，都将很快领略到挑战枪阵的滋味。另外，步兵还应将肩膀顶在盾牌上，用身体的重量来抵挡敌军的冲力。第三排的步兵几乎完全站直，第四排步兵则应像投掷标枪那样举起长矛，以便在敌军接近时方便刺杀或者将长矛投掷出去，之后再拔出刀剑来作战。轻步兵和轻骑兵应使用弓箭作战。若敌军企图从后方攻击我军骑兵（而这也是他们的惯常做法）步兵便应组成一个双重方阵。双数列的步兵穿过骑兵部队退至后方，将骑兵部队置于全军中央。轻步兵也同样应分成两半，一半伴随前部方阵，另一半则伴随后部方阵。排成四方阵型的原步兵后卫，也能为后方提供支援。

为避免敌军在会战前能够探查到我军详细的战斗序列，我军可以在敌军接近之前，在步兵方阵前方用少量骑兵组成一道屏障。敌军接近到四至五箭距离之后，骑兵屏障脱离步兵战线，退回至后方与其他骑兵会合，排列在骑兵部队的前排。这样一来，我军便可安稳地将战线保护好，敌军在实际交战前也会认为自己只需要面对我军的骑兵，因而放心大胆地接近过来，并如上文所述的情况那样，被我军步兵的突然冲锋所轻易击败。这种战术要求人员和马匹都要经常训练才能熟练掌握。将领必须清楚地知道，骑兵在追击时能够快速追击多远的距离而不会发生混乱，而步兵也不能过分混乱或松散。若骑兵部队因地形崎岖或会战失利而面临危急时刻，部分骑兵（若他们丢掉了自己的盾牌）便应拿起重步兵的盾牌，组成步兵队形，其余部队继续骑马作战。通过这种方式，我军便有可能反败为胜。

多兵种混合中空阵型图示中的图例

- T 第一排步兵，即行长或什长
- O 装备盾牌的重步兵，即武装侍从
- I 轻步兵，即标枪手、弓箭手
- K 骑兵

一个步骑混合的中央突出阵型示意图，该阵型在危急情况下十分重要

方阵

```
ⵜⵜⵜⵜⵜⵜⵜⵜ      ⵜⵜⵜⵜⵜⵜⵜⵜⵜⵜⵜⵜⵜⵜⵜⵜⵜⵜⵜⵜ      ⵜⵜⵜⵜⵜⵜⵜⵜ
⊢0 0 0 0 0 0 0 0 0    0 0 0 0 0 0 0 0 0 0 0 0 0 0 0 0 0 0 0 0    0 0 0 0 0 0 0 0⊣
⊢0 0 0 0 0 0 0 0 0    0 0 0 0 0 0 0 0 0 0 0 0 0 0 0 0 0 0 0 0    0 0 0 0 0 0 0 0⊣
⊢0 0 0 0 0 0 0 0 0    0 0 0 0 0 0 0 0 0 0 0 0 0 0 0 0 0 0 0 0    0 0 0 0 0 0 0 0⊣
⊢0 0 0 0 0 0 0 0 0    0 0 0 0 0 0 0 0 0 0 0 0 0 0 0 0 0 0 0 0    0 0 0 0 0 0 0 0⊣
⊢0 0 0 0 0 0 0 0 0    0 0 0 0 0 0 0 0 0 0 0 0 0 0 0 0 0 0 0 0    0 0 0 0 0 0 0 0⊣
⊢0 0 0 0 0 0 0 0 0    0 0 0 0 0 0 0 0 0 0 0 0 0 0 0 0 0 0 0 0    0 0 0 0 0 0 0 0⊣
⊢0 0 0 0 0 0 0 0 0    0 0 0 0 0 0 0 0 0 0 0 0 0 0 0 0 0 0 0 0    0 0 0 0 0 0 0 0⊣
⊢0 0 0 0 0 0 0⊣⊣      I I I I I I I I I I I I I I I I I I I I    ⊢⊣0 0 0 0 0 0 0⊣
⊢0 0 0 0 0 0 0⊣⊣      I I I I I I I I I I I I I I I I I I I I    ⊢⊣0 0 0 0 0 0 0⊣
⊢0 0 0 0 0 0 0⊣⊣                                                 ⊢⊣0 0 0 0 0 0 0⊣
⊢0 0 0 0 0 0 0⊣⊣                                                 ⊢⊣0 0 0 0 0 0 0⊣
⊢0 0 0 0 0 0 0⊣⊣                                                 ⊢⊣0 0 0 0 0 0 0⊣
⊢0 0 0 0 0 0 0⊣⊣                                                 ⊢⊣0 0 0 0 0 0 0⊣
⊢0 0 0 0 0 0 0⊣⊣                                                 ⊢⊣0 0 0 0 0 0 0⊣
⊢0 0 0 0 0 0 0⊣⊣                                                 ⊢⊣0 0 0 0 0 0 0⊣
⊢0 0 0 0 0 0 0⊣⊣                                                 ⊢⊣0 0 0 0 0 0 0⊣
⊢0 0 0 0 0 0 0⊣⊣                                                 ⊢⊣0 0 0 0 0 0 0⊣
⊢0 0 0 0 0 0 0⊣⊣                                                 ⊢⊣0 0 0 0 0 0 0⊣
⊢0 0 0 0 0 0 0⊣⊣                                                 ⊢⊣0 0 0 0 0 0 0⊣
⊢0 0 0 0 0 0 0⊣⊣                                                 ⊢⊣0 0 0 0 0 0 0⊣
⊢0 0 0 0 0 0 0⊣⊣                                                 ⊢⊣0 0 0 0 0 0 0⊣
⊢0 0 0 0 0 0 0⊣⊣                                                 ⊢⊣0 0 0 0 0 0 0⊣
```

侧卫 （左）   侧卫 （右）

```
K K K K K K K K K                                  K K K K K K K K K
K K K K K K K K K                                  K K K K K K K K K
K K K K K K K K K                                  K K K K K K K K K
K K K K K K K K K                                  K K K K K K K K K
K K K K K K K K K                                  K K K K K K K K K
```

排成四方阵的步兵后卫　　　　　　　　　　排成四方阵的步兵后卫

```
ⵜ ⵜ ⵜ ⵜ ⵜ                      ⵜ ⵜ ⵜ ⵜ ⵜ
0 0 0 0 0                      0 0 0 0 0
⊢0 0 0 0 0⊣                    ⊢0 0 0 0 0⊣
⊢0 0   0 0⊣                    ⊢0 0   0 0⊣
⊢0 0 0 0 0⊣                    ⊢0 0 0 0 0⊣
0 0 0 0 0                      0 0 0 0 0
↓ ↓ ↓ ↓ ↓                      ↓ ↓ ↓ ↓ ↓
```

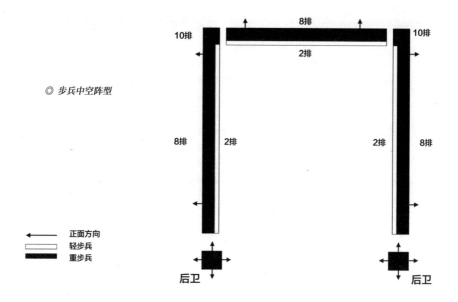

◎ 步兵中空阵型

8排

10排　　　　　　　　　　　10排

8排　2排　　　　　　　2排　8排

←　正面方向
□　轻步兵
■　重步兵

后卫　　　　　　　　　　后卫

步兵阵型

接下来我们将讨论步兵战术，这一课题随着时代变迁，几乎已被彻底遗忘了，但在我们看来，仍有必要对其给予最大程度的重视。我们十分关心步兵的训练方式、武器、穿戴以及一切有关其传统阵型和组织结构的课题。我们收集了很多关于该课题的资料，并将它们落到纸上，供那些关心此事的指挥官来阅读，使他们了解步兵阵型，并能够将它们投入实战之中。为更进一步方便指挥官们阅读，我们采用了索引的方式来探讨本课题，而我们所在意的，也是实用性和文字的简洁，而绝非辞藻是否华丽动听。我们编列了一个目录，来理清本章的要点以及这一部分的大概内容：

一、步兵的着装

二、重步兵的个人训练

三、轻步兵/弓箭手的训练

四、重步兵的武器

一、步兵的着装

步兵应穿着长及膝盖的哥特式长袍或两边开衩的短袍，以及拥有厚重鞋底、缝制简单，只需不多于两根绑带即可系紧的哥特鞋子。靴底应钉上几个鞋钉使其更加耐用。步兵行军时不需穿靴子或者胫甲，它们不适于行军，如果士兵穿了，步子就会变慢。步兵的斗篷应该简洁一些，不要像保加利亚人（Bulgarian）的长袍那样。步兵们应将头发剪短，军官最好也要下令禁止士兵们留长发。

二、重步兵的个人训练

重步兵互相之间应使用盾牌和长棍进行一对一格斗练习，他们还应练习如何将短标枪和铅头飞镖①投出一定距离。

三、轻步兵/弓箭手的训练

他们应以立在远处的骑枪作为目标，训练如何使用快速地拉弓放箭，罗马射法、波斯射法皆可。另外，他们还应接受在背负盾牌的情况下快速射箭、向远处投掷短标枪，以及使用投石索，还有跳跃和跑步的训练。

四、重步兵的武器

各卫队（Arithmos）②、各步兵营中的士兵应各自使用同样颜色的盾牌，此外还要装备赫鲁利式（Herulian）刀剑、长矛，以及顶部带有简单羽饰、两侧饰有流苏的头盔（至少各列第一排的士兵头盔上应有这些装饰），还有投石索以及铅头飞镖。各列中的精兵应穿着铠甲，可能的话最好所有人都能穿甲，至少也要让前两排士兵拥有铠甲。另外，步兵们还应装备铁制或者木制的胫甲，至少也要普及到每列第一排和最后一排士兵。

五、轻步兵的武器

轻步兵应将弓背在肩上，并配以能装载三十或四十支箭的大号箭囊。他们还应装备小盾、手弩以及装在小箭囊中的短弩箭，其弓弩应具有较大的射程，能从远距离上给敌军造成伤害。对于没有弓箭或不善使用弓箭的人，军队应为他们提供小型标枪或斯拉夫式投枪。另外，轻步兵们还应在皮制背囊中携带铅头飞镖和投石索。

---

① 译注："所谓"飞镖"，就是一种较短的小标枪，其长度在三十至四十厘米左右，由金属制成头部，尾部装有箭羽。重步兵通常会将飞镖保存在盾牌内侧的卡扣上。

② 译注：步兵中的"卫队"与骑兵中的"战队"相当，是因沿革原因而出现的对步兵营的另一种称呼。

六、必须始终关注并提前准备妥当的必要装备

每个什或班都应有一驾轻便的车仗。车仗数量绝不能更多，否则士兵们就会因忙着照料车仗而忽略其他事情。每辆车上都应装载一具手磨、一把大斧、数把短斧、一把扁斧、一把锯子、两把耙子、一把锤子、两把铲子、一个篮子、几件粗制的衣物、一把镰刀、一些铅头飞镖以及用细绳串在铁钉上以方便回收的铁蒺藜。军中还应准备一些在两端都装上了旋转弩炮的炮车以及相关的炮组人员、木匠和铁匠，所有这些炮车都由一位军官负责指挥。如果可能的话，每个步兵班都应分配到一匹驮马，至少每两个班应有一匹驮马。在步兵需要离开车仗去占领某处之时，这些驮马应背负着八天或十天的口粮跟随士兵们一同行动，直到行动缓慢的车仗与士兵会合。军中还应专门配置一些车仗来装载各部队的武器和盔甲。此外，还要有另外十到二十驾车仗来装载面粉、干面饼、箭矢和备用弓。

七、各营中执行特殊勤务的士兵

传令官必须机警、聪慧，拥有洪亮动听的嗓音，能讲拉丁语和希腊语，可能的话最好还能够说波斯语。营中还要有教官（Campiductor）、旗手或龙旗手（Draconarii）[①]、号手、盔甲匠、刀匠、制弓师、制箭师以及其他一些依规定所需的人员。一部分士兵要担负起寻找失物并将其归还原主的职责。与骑兵一样，步兵也要指派一人去指挥行李纵列，而行李纵列中的所有人员也都要服从于此人，每个步兵师还要再指定一人来指挥全部的行李纵列。与马匹的情况一样，各部队要在自己的驮牛身上做好记号，以便士兵们能够轻易地识别出牛的归属。另有一件重要的事情：在可能的情况下，每个营还应指派两名鹰旗手（Ornithoboras）[②]。

---

① 译注：龙旗为一种形似飞龙的军旗，在木制或金属制的龙头标志后方加装了布制蛇形飘带。手持这种军旗的士兵被称为龙旗手。

② 译注：此时的鹰旗手，已不是原先罗马军团中负责高举鹰徽的军团旗手，而只相当于上级的执行官。

八、步兵部队的组织结构及其军官

过去，一个军团中包含有大批士兵，那时的军事学者们会把二百五十六人编成一个营。那时每列为十六人，整个战线则为六十四个营，即一千零二十四列、一万六千三百八十四人，此外还要再加上八千名弓箭手、标枪兵、投石兵等轻装部队以及一万名骑兵①。古人将轻重步兵分为四个部分——左翼、左中、右中、右翼，骑兵则分为左右两组。但由于如今我们的各部队人数并不相等，因此也无法具体规定一个营应有多少士兵。若照搬古代队形，那些超出了256人以外的士兵们便无事可做，而若是其与自己不认识的士兵临时编组到一起，他们也很可能会一头雾水。在我们看来，一支部队的人数最好能够拥有一些弹性。根据人力多寡，要么将他们编成一个大规模的单位，要么就编成两个小规模单位。每个营都应拥有自己的军旗和营长。营长原本应由一名受人尊敬、聪慧而且擅长白刃搏斗的护民官来担任，如今也有低级军官或教官担任营长的情况。但无论如何，都应确保步兵营中每行拥有十六名士兵，并依据每人所担负的职责来安排其前后位置。战线本身也要依据全军的规模来排布。将所有营、行都布置好后，整条战线应被均分为四个部分，右翼由一位右翼师长指挥，左翼由一位左翼师长指挥，左中由左中师长指挥，右中由右中师长指挥。少部分战线中不需要的轻重步兵，应在其各自的指挥官带领下，布置在预备队的位置，准备为骑兵掩护不到的战线两翼或行李纵列以及任何其他地方提供快速支援。若全军人数少于两万四千名步兵，则应将战线分为三部分，而非四个部分。位于全军中央的一师应竖起将军的战旗，其余各师则以这面旗帜作为向导。

---

① 译注：莫里斯所描述的这种"军团"，并不是罗马共和国和帝国时代早期那些人数在四千到六千之间、使用三线战术、每线纵深为十人的罗马军团。这种二百五十六人一营、每列十六人、所有步兵营都被排入单独一条战线的编制所指代者显然是马其顿方阵体系中的方阵步兵。而分为四个部分、总计拥有一万六千三百八十四名重步兵的战线，也与马其顿人的"四倍方阵"（Tetraphalangi）完全一致。莫里斯可能从希腊史料中读到了马其顿方阵步兵的编制，并将其与罗马军团混淆。另外值得注意的是，由于文化融合以及希腊语占据了主导地位，后期罗马帝国学者笔下的"古人"，事实上既包括了罗马人，也包括了希腊人。拉丁语和希腊语中很多原本意义不同的词汇也被对应了起来。因此，莫里斯在此处所说的"军团"，也有可能指代的就是步兵军队，而非特定的罗马军团。

九、步兵营的人员安排和组织结构

　　首先，我们应将那些知道如何使用弓箭或能够学会这门技术的人，以及那些年轻力壮之人挑选出来，将他们编组成轻步兵。若全军人数超过两万四千人，轻步兵人数应为全军一半，若少于两万四千人，则从各部队中选出三分之一即可。轻步兵们应被编成"什"，由能干的什长来率领，另外各什还应设置一名被称为首席射手的军官。剩下半个营则分为十八人一列的行，其中既要有老兵也要有新兵。最贫穷的两位士兵负责保护车仗或担负其余勤务，剩下十六人则在聪明且受人尊敬的行长的率领下编入战线。这十六人中，最优秀的八人应被安排在前排和后排，即第一、第二、第三、第四排以及第十六、第十五、第十四和第十三排。这样一来，即使每行的纵深被缩减到仅剩四排，其前后两端也仍然能保持强大的战斗力[①]。其余那些稍弱的士兵，则应被部署在各行的中央。

　　这十六名士兵应被交替划分为"单数兵"和"双数兵"（Secundi）。最前排两人也因此会有两种称呼，第一位为行长兼单数兵长（Primus），第二位为什长兼双数兵长（Secundus）。在他们背后的士兵则依次编为单数兵和双数兵。有时为了更容易指挥作战，让士兵在行动时能够更加协调，有必要将各行拆分为两行来行动。单数兵跟随行长，双数兵跟随什长。依照这种办法，即使被分为两行，这十六名士兵也能统一行动，执行行长的命令。这样一来，秩序和纪律也更容易维持了。

　　所有轻重步兵都应被均分为四个部分。只要有可能，在安排各行十六名士兵的前后顺序时，我们不仅应参考士兵们的资历，还应参考其体型情况。将高大的士兵布置在前排，整条战线看起来会更加严整可怕。但如果我们无法依照体型和气概来进行安排，我们便应如上文所述的那样，将各行中最优秀的士兵配置在前后两端，素质较差者位于中央。

　　出于某些充足合理的原因，前人们将一列士兵的人数定在了十六这个数

---

　　① 译注：这是因为在拆分行列时，会由双数排的士兵出列组成新行，而不是直接将各行前后拆开。在十六排纵深的行被拆分成八排纵深的两行时，原先第一、第二排的士兵会位于首排。再次拆分为四排纵深的四行时，原先第一、第二、第三、第四排的士兵便位于首排。队尾的情况也与此相同。

量上，这一纵深能为各列提供充足的士兵。而我们在排列战线时，纵深也不能再超过这个数字了。在必要情况下，各行要能够快速、整齐地拆分为两组，甚至还能够将纵深缩减到仅剩一人。

十、关于军法的指示

按照上述办法将军队编组完毕之后，应择日将全军集合在一起。若官兵们早已知晓法律所规定的各项军规，则只需再重新提醒他们一遍即可。如若不然，就应由各营的营长分别为手下部队宣读军规，其情形与我们在有关骑兵的章节中所述者相同。

十一、重步兵营的阵型

宣读军规之后，各营军官们便应着手将手下部队组织妥当。首先应安排好营中各行的位置，将它们分别安排在营旗的左侧或者右侧。接下来，营长应带着旗手、传令官、教官以及号手一起前进，行长们则以左翼先行、右翼随后的顺序跟在营长后方。到达本营在战线中所在的位置后，营长和他背后的旗手，以及旗手背后的教官、号手应停下脚步。之后各行应以较大间隔在预定位置展开，以免互相干扰、冲撞。各行应保持十六排纵深，轻步兵位于队列后方。重步兵们应将长矛竖直举起，以免妨碍他人行动。教官和传令官位于战线前方，一位负责观察敌军、引导部队，另一位负责将营长命令下达给士兵。若仅有一个营单独行动，营长应带着传令官和教官位于全营前方。若整个步兵师一同行动，则仅有骑马的师长、两位传令官、两位教官、一位马夫、一位佩剑侍从以及两位鹰旗手可以位于战线前方，而且在战线即将与敌军接战之时，上述人员便应退回到战线中师旗所在位置。指挥官本人和无武装的鹰旗手不应亲自参与战斗。一个步兵师中无论有多少号手，战斗时也仅能由伴随师长的那一位吹号传令，否则便会出现混乱，士兵们也无法听清命令。

十二、伴随重步兵和骑兵作战的轻步兵阵型

轻步兵有好几种不同的布置方式。有时弓箭手会被按照一定比例排列在重步兵行列后方，即十六名重步兵配四名弓箭手，在重步兵将各行拆成四小

行、纵深缩减到四排时，弓箭手也跟着减少至一排。有时他们也会被直接安排在各行内部，由弓箭手一对一替换掉重步兵。有时轻步兵还会部署在各行之间以及战线两侧的骑兵中间。当轻步兵数量较多时，他们经常会与少量重步兵一同被部署在骑兵外侧一小段距离上，担任这些骑兵的侧卫。那些装备短标枪或飞镖的轻步兵应被部署在重步兵后方或两侧，而不能被布置在重步兵之间[①]。如今，我们在训练时，都会将弓箭手和其他投射部队排列在重步兵后方。

十三、伴随重步兵作战的骑兵阵型

骑兵应部署在步兵战线的两侧，素质最好的骑兵营应在各自营长率领下部署于最外侧的位置。若骑兵数量较多，超过了一万两千人，则应将其排列为十排纵深，若数量少于一万两千人，则应排成五排左右。另外还应单独安排一个支队位于战线后方的车仗外侧，作为支援兵力使用。若敌军从后方来袭，这支部队便可以用来抵挡敌军。若没有这种必要，他们也可以用来支援前方战线的两翼。这个支队应采用疏开队形，只有这样，他们才能在调转方向时不会互相冲撞。

应专门对骑兵下令，让他们不要对敌人穷追不舍，也不要离步兵战线过远，哪怕敌军掉头逃跑也还是如此，否则他们便可能会掉进敌军的伏击陷阱。到了那时，这些数量不多、远离支援的骑兵，很可能会遭到惨败。若骑兵被敌军逐退，他们应退至战线后方寻求掩护，但绝不能退到比车仗更靠后的位置。如果他们仍然无法抵挡住敌军，骑兵们便应下马步战来进行防御。

若我军希望列开阵势进行会战，但又不希望在排布好战线的当天就与敌军交战，而且在敌军向我方骑兵发动冲锋而骑兵们又可能抵挡不住之时，骑兵便不应在两翼等待敌军冲锋，而应主动退到步兵背后，也就是战线和车仗之间的位置。为便于这样的运动，战线和车仗之间的距离应比平时更大，以便骑兵不至于因任何机动而互相碰撞。将骑兵移动到这里也可以保护骑兵不受敌方弓箭伤害。

[①] 译注：因为其投掷方式会干扰重步兵的行动。

十四、步兵操练方法

传令官应下达如下命令："保持安静，听候命令，不可急躁，坚守阵位，跟紧军旗，不准私自离开军旗追击敌人！"在此之后，士兵们便应安静地稳步前进，任何人不得发出噪声，就连轻声低语都不行。步兵必须熟悉这些行动方式，以便在指挥官一声令下或以其他方式发出信号之后，能够令行禁止，或依照命令拆分行列，或在各种地形上以密集队形稳步长距离前进，或收紧行列的纵深和宽度，或以龟甲阵前进，而且还要都能够在训练中用棍棒和不开刃的刀剑进行模拟交战。

十五、第二种操练方法

步兵们还应练习如下几种运动——将战线拆分为双重方阵，之后再重新组成正常队形；原地左转、原地右转；向侧翼前进，之后再返回原有位置；向左、向右旋转正面；放宽行列；增加或加倍行列纵深；将正面指向后方，之后再调整回到正常状态。

十六、如何进行操练

这些操练应按照如下方式进行。部队应严格遵守指挥官的口令、肢体命令或其他信号。教官希望部队前进时，应吹响军号、号角或是以口令方式下达命令，之后部队便应开始前进。在下达立定命令时，教官可用军号、口令或手势来下令，军队也应立刻止步。士兵们必须熟悉指挥官的口令和其他信号，以免因武器碰撞、沙尘或迷雾干扰，无法收到命令。

原本为十六排的各行，其纵深可以削减，行本身也可以被拆分。举例而言，若指挥官希望延长战线，使它看起来更加骇人，或将正面拉长到与敌军相当的长度，他可下达"八人一列"或"各行拆分"的命令。之后各行中的双数排士兵便应出列，重新组成一个新的八人行。这样一来，战线的纵深便减小了，战线的宽度则增加了，同时各行纵深也变成了八排。若指挥官希望将纵深减少到四排，他还可以再次下达"各行拆分"的命令。与上述情况一样，各行双数排的士兵应走出行列，向左向右皆可，只要确保所有人都是向同一侧移动即可。

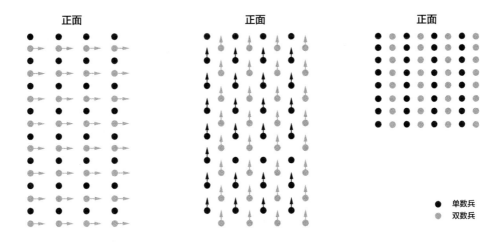

◎ 一列十六人的重步兵拆分为两列八排的步骤

另外，士兵们还应该学会如何将正面整理成齐平状态。因为当行列被拆分之后，战线正面会变得不再平整，此时指挥官便应下达"拉平正面"命令，士兵们也应将正面整理齐平。

当步兵接近到距离敌军两箭或三箭距离，并准备发动冲锋之后，应将行列收紧成密集队形。此时指挥官应下达"密集队形"命令，士兵们从前后左右各方向向中央靠拢，直到前排士兵的盾牌互相连结，后方各排也互相贴紧为止。步兵无论在行军还是在立定时，都要能够遂行这一机动。各列后卫应命令后几排士兵强行推挤其前方人员以保持队形整齐，并在必要的情况下避免因某些士兵的犹豫而发生混乱。

敌我双方接近后，步兵应开始以龟甲阵前进，弓箭手则应准备好对敌军展开射击的准备，此时指挥官应下达"组成龟甲阵"的口令。第一排士兵互相接近直至盾牌互相连结，并将自己直至脚踝的躯干部位全部掩盖起来，第二排士兵则将盾牌举过头顶，与前排士兵的盾牌上端连结起来，掩住他们的胸口和面部。步兵应以这种阵型发动进攻。

当战线已经收紧队形，且双方距离接近到一箭射程左右，战斗即将开始时，指挥官应下令："准备战斗！"紧随其后，另一位军官则应呼喊："愿主保佑！"全军也应异口同声高呼："赞美上帝！"之后，轻装部队便应开始从前排头顶上方射出箭矢。位于第一排的重步兵应继续接近敌军，若他们装备了飞镖或其他投射武器，此时他们就要将长矛放在地面上，腾出手来投掷标枪。若没有投射武器，他们便应在进一步接近敌军之后，将长矛像标枪一样投出，并拔出刀剑与敌军进行白刃作战[1]。在敌军撤退时，所有士兵都要留在原有位置上，不得追击。位于后方各排的士兵应始终用盾牌保护好头部，并用长矛来支援前方的友军。显然，第一线的士兵在与敌军交战前，必须始终保护好自己，否则他们很可能被敌军的箭矢射伤，尤其是那些没有身甲和胫甲的士兵。

当军队正在向前方推进，后方却出现敌军时，步兵应分开排列成双重方阵。假设此时步兵们的纵深为十六排，而正面敌军距离又十分接近，马上就要与我军交战，指挥官应下令："从中央拆分，组成双重方阵！"此时前八排的士兵便应停止前进，后八排则原地转向后方，向后方推进，组成双重方阵。若步兵们的纵深为八排或者只有四排，指挥官便应下令："单数行立定，双数行出列组成双重方阵！"此时，在什长率领下的双数行便应原地转向后方，向全军后方前进三百步或三百尺的距离。这一距离足以确保敌军弓箭无法伤害到任何一个方阵的背面，而只能落到二者之间的空地上。若有需要，指挥官只需下令："归队！"双数兵们就可以再次原地转向，返回原有位置。有些情况下，若从后方接近的敌军比正面更多，而我军车仗也没有紧随军队行动，则此时应让双数行保持原位，而让单数行出列。双重方阵适用于车仗没有跟随军队来到战场或已被敌军俘获的情况[2]。

当指挥官希望延长战线迂回敌军，或避免被敌军迂回，或想要占据有利地形，又或是需要穿越隘路时，他都需要命令战线向侧翼行军。指挥官若希望向右翼行军，他应下令："转向持矛手方向！"此时士兵们便应原地向右转，

---

① 译注：按照莫里斯的描述，重步兵装备的大盾、可投掷的长矛，以及这种先投枪再拔剑进行近战的作战方法，都与晚期罗马军团步兵十分相似，但其使用的队形却与希腊方阵更为接近。事实上，军团步兵自3至4世纪之后，就因为兵员素质下降，无法再应用传统的军团三线战术，而逐渐变回了更加古老的方阵队形。

② 译注：在车仗跟随战线来到战场的情况下，可由那些安装了弩炮的炮车来保护后方。

在听到"前进"命令后开始向指定位置行军，听到"转回前方"命令后重新原地转向正面。指挥官若希望向左翼前进，他应下令："转向持盾手方向！"此后各步骤与上述相同。在敌军突然从前后两个方向包围过来，但我军又没有时间组成双重方阵时，应组成双正面战线。指挥官下令："面向前后！"半数士兵立定抵挡正面敌军进攻，其余士兵原地转向面对后方，位于战线中间的士兵则应利用盾牌保护自己的头部。

指挥官面对左翼或右翼可能出现的紧急情况时，他可以将整条战线转向左翼或右翼。此时指挥官应下令："转向左翼（右翼）！"之后各营一个接一个地行动，很快就可以将整条战线指向指定的方向。

战线的队形也可以放宽或延伸。步兵们排成密集队形时，指挥官有时可能会希望将各行拆分削减纵深以便增加战线的长度，或让行列更加宽松。此时他应下令："向两侧放宽！"士兵们便会将队形放宽。这种机动无论在行军还是立定时都可执行，只要两翼向外移动即可，无论单独一个步兵师还是整条战线均可执行这一机动。

战线的纵深也可增加或者加倍。假设步兵们排列成了四排纵深，而指挥官希望能将纵深加倍以对应敌军纵深，或增加军队的稳固程度来抵挡敌军冲锋，此时指挥官应下令："入列！"士兵们的纵深便加倍至八排，若他希望进一步将纵深增加到十六排，再次下令："入列！"双数兵们逐个返回原有位置，战线纵深再次加倍恢复至原有的十六排。尽管我们不建议如此，但倘若某些情况下指挥官希望将步兵列成三十二排，他便可以下令："两行并一行！"此时战线纵深将依照上述方式加倍，而宽度有所减少。

我军战线笔直向前推进时，若敌军没有从前方，而是从后方接近，我军战线可能有必要转向后方。若指挥官希望如此，则各行行长带领本行各自转向，纵深仍为十六排。此时指挥官应下令："向后换位！"战线停止前进，各行长穿过行列来到后方，后续各位士兵则跟他的后面依次而行。这样一来，战线便可面对敌军重新组成新的正面。这种机动最好在战线收紧成密集队形之前进行。若此时步兵已经排成了密集队形，已经没有时间再去放宽行列，指挥官便应改为下令："原地转向！"全军官兵保持原位，各自原地转向后方，由原本位于第十六排的后卫组成新的正面。

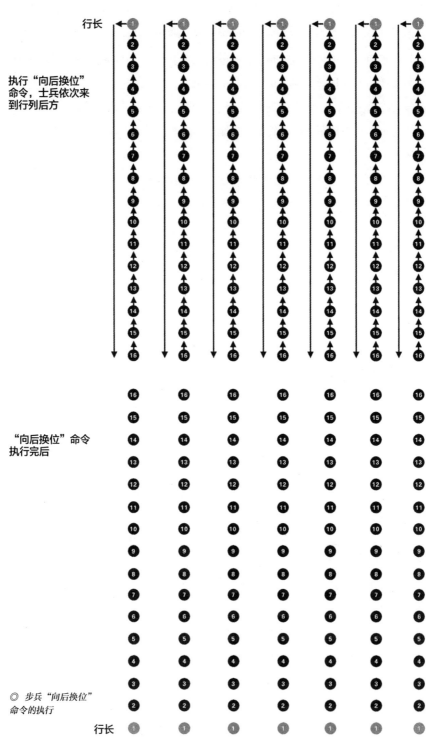

执行"向后换位"命令，士兵依次来到行列后方

"向后换位"命令执行完后

◎ 步兵"向后换位"命令的执行

行长

十七、步兵战线的阵型及如何练习抵挡敌军进攻

按照上述方式将各步兵营单独训练妥当之后，全军应被集合起来，像要进行会战一样以全部兵力列好战线。此时军队中应包括轻重步兵、骑兵以及车仗和行李纵列的其余部分。而在他们对面，应由步兵或骑兵组成一条简单的战线来代表敌军，其使用的箭矢也不应带有箭头。这条简单的战线有时需要排成作战队形向我军战线前进，有时应专门去扬起沙尘、呐喊或者扮演陷入混乱的敌人，有时他们还要从背后去攻击我方的侧翼和后方。通过这种演练，我军步兵和骑兵便可以熟悉战场上的各种情况，而不会在实战中手忙脚乱，师长们也能够积累如何对抗敌军的经验。骑兵也应参与这种训练。训练时要么将他们安排在步兵侧翼，要么就将他们安排在步兵背后并让他们练习如何向后方转向。

排列战线时，各步兵师之间应保留一百至二百尺的间隔，这一距离可以避免他们在前进时互相挤在一起，而同时又不至于太远，导致各师失去协调，无法互相支援。战线在行动时应以位于中央的那个师为准，因为将军的军旗就竖立在那里。也正因为如此，过去的军人才会将战线中央称为军队的"嘴"或者"脐"，其余部队都要跟随中央来行动。

由于收紧队形的机动要比放宽队形更加快速、安全，因此会战开始时步兵不应采取十六排的阵型，而应排成四排。这不仅能让我军战线在敌人眼中显得更加威武，而且在前进时士兵们也可以更加放松一些，尤其是在前进距离较长时。若需将阵型纵深增加至八排或十六排，收紧队形的机动也更适合在前进时而非立定时完成。反过来说，若一开始便采用密集队形，之后又要放宽队形来增加战线宽度，变换队形就可能要花费数个小时之久。但无论如何，在接近敌人之后，仍采用疏开队形就将是不明智的了。

战线排布完毕之前，旗手应骑马跟随指挥官一同行动。战线排布完毕之后，二者便应下马回到队列中自己应在的位置上去。无论敌军纵深有多少排，我军纵深都不应超过十六排或少于四排。超过十六排的话，后排士兵就会毫无用处，少于四排的话，阵型又过于单薄。八名重步兵一列则是比较中庸的队形。在整支军队中，士兵们必须严格保持静默。我们应向各行后卫下令，如果听到自己所在的行中有人窃窃私语，他就应该用长矛的尾部去戳一戳那人。另外在战斗时，后卫也应向前推挤他前方的士兵，确保整行中无一人犹豫不前。

指挥官不应指望步兵能穿着全套盔甲做长途行军。当敌军拖延战斗，我军战线不得不留在原地待命之时，也不应强迫士兵们站立数小时之久。不然的话，到战斗开始时，步兵们可能早已被盔甲的重量累垮了。因此在待命时，步兵们应坐下休息，直到敌军接近之后再命令他们起立站好。只有这样，步兵们才能保持体力充沛、军容严整。除了各师师长和他们各自带领的两位传令官、两位教官、一位马夫、一位佩剑侍从以及两位鹰旗手以外，任何人不得脱离战线，自行走在队列前方。师长等人在敌军接近之后，也应各自退回战线之中。

必须始终记得，让步兵们熟悉各单位各自在操练中所使用的各种信号和命令，让步兵们更服从军官命令，时刻做好战斗准备，对我军而言是十分有利而且实用的准备工作。进行会战时，整条战线并不一定要依照将军一人之命行动，因为在地形等情况的影响下，将军本人的命令并非总是能传达给全军，尤其是在全军人数众多、战线长度较长的时候。此外，敌军的行动也并非整齐划一。举例而言，我军可能会存在战线中某单位纵深较小，因而被敌军击退，而其余纵深较大的部队前来为其提供支援的情况。也有可能出现某支部队被敌军包围，其余部队组成双重正面尝试解围的情况。在这些情况下，各部队必须利用上文中所述的那些机动方式，主动攻击围攻我军被困部队的敌人，而不能坐待将军下令。事实上，各部队只有在与对方接战之前，才有必要统一听从将军一人之命。也正因为如此，我们的先辈才将大规模部队分划成了大量的营或其他单位。

十八、车仗和行李纵列的安置

将军若决定带着行李纵列一同参加会战，那我们便应将其部署在步兵背后一箭的距离上，纵列中的各单位应以良好秩序，部署于其所属的各师背后。行李纵列应占据与战线相同的宽度。倘若其长度超过战线覆盖范围的话，便无法再得到战线的保护。每辆车仗的尾部都应用厚重衣物覆盖起来，这样一来，车夫便可像躲在胸墙背后一样站在车上战斗，拉车的牛也可以得到车仗保护，不被对方箭雨射伤。那些安装了弩炮的车仗应沿着整条战线平均分配，并将其中大部分（尤其是那些弩炮威力最大者）部署在两翼。炮车的车夫还应知道如何使用标枪、投石索、金属飞镖或弓箭。其余车仗则应被部署在这些装有弩炮的车仗之间。战线与车仗之间的空间应保持宽阔，以方便重步兵在敌军攻击行李纵列时组成双重方阵，同时也可以避免骑兵或轻步兵在此处行动时受到车仗阻碍。若一支强大的敌军从后方骚扰车仗，车夫们无法将其击退，而步兵也来不及排成双重方阵，车夫们便应向地面上抛洒一些铁蒺藜。不过在这种情况下，我军也必须小心行事，不能再沿相同道路返回，而必须选择其他道路，以免伤及己方士兵。

十九、敌军位于附近时的行军方法

我军应向前方和后方派出骑兵巡逻队，任何步兵都不得超出巡逻范围。每日宿营地点不应间隔太远，以免步兵被长距离行军累垮。车仗则应依据各师在纵队或横队（具体队形要依地形情况而定）中所在位置部署。右翼师的车仗应位于行李纵列最前方，其后是左翼师，再后是左中师，最后则是右中师[1]，战线各部分所属的车仗绝不能混在一起，以免造成混乱。敌军位于附近时，士兵们绝不能把武器留在车仗之中，而应随身携带。敌军进逼时，士兵们应以战斗序列行军，各营依次而行，既不能混在一起，也不能分散行动。这样一来，在有必要列成战线之时，各部队早已位于其应在的位置上了。若一支大规模的敌军骑兵接近，我军便不应移动营地位置，并且在会战结束前也不能再继续行军。与之相反，我军应于会战两至三天之前，占据可能发生会战的地点，并依据情况设立营地。

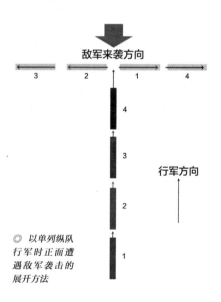

◎ 以单列纵队行军时正面遭遇敌军袭击的展开方法

---

① 译注：莫里斯所描述的这种安排，是一种四个师组成一个纵队的行军方式，从前至后分别为右翼师、左翼师、左中师和右中师。作战时右翼各单位顺次右转，前进一段距离后展开战线；后方的左翼师则在前进到与其齐平的位置后，左转前进一段距离后展开；左中师紧随左翼师展开；最后的右中师则在前进至与其余各师齐平的位置后向右转，前进到与右翼师左端相接的位置，完成整条战线的展开。具体行动方式可见本页附图。

二十、步兵如何穿越丛林、丘陵和隘路

若想要在丛林、丘陵或者隘路对敌军（尤其是斯拉夫人和安特人）进行一次成功的远征，一支军队应轻装简行，骑兵也不宜过多。行军时，军队不应携带车仗，行李纵列规模不应太大，而且士兵们也不应穿着头盔、身甲等重型装备。重步兵应使用中等大小的盾牌和短矛（此二者并非骑兵所使用的样式）。轻步兵应使用更小的盾牌，重量较轻的弓箭、短矛、摩尔人的短标枪以及一些金属飞镖。士兵们应带着所有可用的斧子，并由驮兽背负以便随时取用。重步兵不应像在开阔平原上那样排成一条纵队，而应依据部队规模，分散成两个或四个支队，各自排成两排或四排纵深。他们应如后文图示那样，以侧翼领先行军，并依据形势需要调整队形，各支队间距应相当于投石索的射程。若军中还拥有行李纵列和骑兵，行李纵列应被置于步兵后方，骑兵则跟在行李纵列之后，他们后方还应以少量轻重步兵组成一个后卫来阻挡敌军从后方进行的奇袭。部分轻步兵应由一小队骑兵伴随着，在主力部队前方行动，其余轻步兵应在行军纵队两翼进行巡逻，搜索敌军伏击部队。这些巡逻队应特别注意那些看起来仍然笔直竖立着，但其实已经被部分锯断了的大树，因为敌军在发动奇袭时，会迅速将这些树木推倒，挡住狭窄的去路，给我军造成巨大的麻烦。在少量骑兵伴随下的轻步兵应对这些诡计保持警惕，并将埋伏中的敌军清理干净。在此之后，主力部队才能通过当地。

在相对开阔一些的地区，我军应让骑兵在前巡逻，但在植被浓密或地形复杂的地区，则应以轻步兵在前。轻步兵不应像重步兵那样被组成密集队形，而应以非正规的编队，分成三至四人的小组，各自携带着标枪和能够在投掷标枪时保护自己的盾牌。另外，每个小组还应安排一名弓箭手，为标枪兵提供掩护火力。如前所述，这些小组既不应以紧密队形行动，互相之间也不应分散得太开，而应该一组接着一组，掩护前面一组的背后。若最前方的一组遭遇危险情况，例如遭遇敌军抵挡或因复杂地形而受困，其后方各小组便应在不被察觉的情况下趋前至地势更高之处，之后再从那里打击敌军背后。占据制高点，从上方压制敌军，自始至终都应是轻步兵的目标之一。与此同时，指挥官也应命令轻步兵不要走得太远，必须留在能够听清军号或号角声的范围内。不然轻步兵便有可能被敌军切断，无法得到主力支援，并因此被压倒。假设我军主力由四个步兵师组成，各自

144

以侧翼领先的队形并列行军，在遇到一处无法供四个师同时通过的狭窄地区时，其中两个师应向后撤退，使全军组成两个双纵队。若地形狭窄到连两个师都无法并列通过，则全军应排成单列纵队，各师以侧翼领先依次通过。在此过程中，我军应始终在纵队前方派出轻步兵掩护。穿过狭窄地区之后，四个步兵师可恢复到其原有的四个纵队，继续以侧翼领先行军。

若一支强大的敌军从正面或侧翼出现，步兵师便应面对威胁所在方向排列好战线正面。举例而言，若敌军从行军纵队左侧出现，左翼的步兵师便应停止前进，另外三个师则以此为准，移动到与其齐平的位置上组成战线。若敌军从右侧出现，便应面对右翼采取相同的行动。若敌军从中央一个或两个师的前方出现，另外两个师就应向右转向，将纵队展开成横队，用原先纵队的侧翼组成战线正面。若地形允许我军以密集队形对抗敌军，轻步兵和骑兵就应去迂回敌军。倘若无法组成密集队形，重步兵就应排成纵深更大的队形，并拉大各行之间的空当，以便我军能够轻松穿过树林地带，或在必要时重组密集队形。若连这一点都做不到，我们便应派遣轻步兵，在少量重步兵和骑兵的支援下去应对敌军。

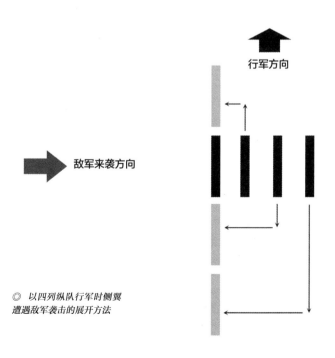

◎ 以四列纵队行军时侧翼
遭遇敌军袭击的展开方法

将军应提前训示全军，若在行军时听到敌军在附近出现的警报，绝不能在激动之下就全军赶向敌军所在方向。重步兵应保持队形，轻步兵则冲向报警之人所在方向。除非收到指挥官的命令，否则那些位于前方的部队不应急于转向侧翼，位于侧翼的部队也不应急于赶向前方。收到警报时，各师应依据情况需要为自己所属的轻步兵提供支援。若轻步兵遭到重压，他们应迅速退回由重步兵组成的主力部队，以免被敌军压倒。只要做好这些准备，步兵便可以在密林或地形复杂之处安全且秩序井然地以侧翼领先行军。至于是四个师还是两个师并列行军，则取决于地形情况。在开阔地区，若各行纵深较大，间距也较宽，则应以横队行军。

我们必须时刻牢记，在密林地区，标枪兵要比弓箭手和投石手更加有效。正因为这个原因，大部分轻步兵都应接受使用标枪和短矛的训练。与之相比，弓箭手在配合主力战线行动时，以及在丘陵、陡坡、隘路和开阔地形上更加有效。至于标枪兵，则应被部署得尽可能远离主力战线，他们在密林地区极为有效。

我军工事和营地的防卫工作十分重要。只要有可能，我们就应将营帐设立在开阔地区。在无法做到这一点的情况下，我们便绝不能放松警惕。营地必须拥有坚强的工事，并且严加警戒。设立营地时，应避免附近存在地势更高的地方。在全军将所有帐篷都已架好，营地已经设立适当工事，巡逻队也已被派出去展开巡逻之前，不能解散主力部队。所有人都应牢记，号角声是停止前进的信号，军号声则是前进的信号。

我们附加了一些草图，以供大家能够更清晰地理解本章中所述的各种队形。

正面

横队。看起来更加威武，适合于开阔地形。

单行纵队/单行方阵。最基础的行军队形，适用于狭窄隘路或仅有一条道路的地区。

双重纵队/双重方阵。该队形对于密林地区十分重要，可以为轻步兵、骑兵提供避难和重新集结的空间，还可以保护行李纵列。

四重纵队/四重方阵。在步兵部队规模较大，地形也适宜的情况下应用普遍。适用于我军希望快速穿越某一地区的情况。该队形也可以使全军更加方便地向前方展开。

二十一、如何利用河流运兵；如何在面对敌军的情况下渡河

　　战舰、其余船只、各种装备、补给船只、小船以及包括木梁和浮舟在内的架桥资材，都要在事先准备妥当。舰队的组织与陆军一样由团长、师长指挥，其下也要有大批合适的军官来担任营长。每艘战舰都应在桅杆顶部悬挂一面正常的军旗，以标示该舰由哪位军官指挥。若舰队中战舰数量较多，我们应将其分为三个师，每师安排一位指挥官，每位指挥官配有一名号手和若干传令官。在所有船只，至少是战舰的船头上，都应安装小型的弩炮（平时以厚重的蒙布覆盖），用以从远距离上击退敌军进攻。另外，船上还应安排优秀能干的弓箭手，为他们准备的作战位置也应用掩体加以保护。舰队起航之前，应确定所有未来营地的地点，战舰在航行时也应该依照事先安排好的队形，按照各师编制依次进发。抵达预定地点并确定所有人员安全后，舰队才能向下一个预定的营地位置前进。由于并非所有战舰都能搭载帆索或其他重型设备，因此我们应将所有搭载了这些物资的船只集合在一起，并像对待陆地上的行李纵列那样，为它们指派一名指挥官。为避免较重的船只无法按时抵达营地，各预定宿营地点之间的距离也不应太远。重型船只应与战舰一同宿营、起航。航行时，它们跟随在战舰的后方，另有少数战舰位于其背后，负责保卫这些重型船只。若我军必须在附近存在敌军的情况下，在陆地上宿营，那么就一定要在营地四周设立好坚固的工事，以阻挡敌军可能在夜间发起的奇袭。当海战临近，敌军船只已经列好战线准备作战时，我军应将所有船只平行排列成一条战线，间距仅限于确保各舰不会互相阻碍、相撞，划桨也不会互相妨碍即可。前进时，各舰应保持齐平。舰队的战线长度应足以覆盖河流中可以通航的全部宽度。再强调一遍，我军船只应组成一条宽广的正面，只有那些无法列进第一线的船只，才应被排列在距离前方战线一箭距离的第二线或第三线之中。

　　陆军尝试攻占有敌军守卫的河流对岸时应该架设桥梁。首先我们要在己方一侧的河岸上收集包括大型独木舟在内的木材，若我军已经提前准备好木材和浮舟，我们便应开始在浮舟上架设木梁、木板以建成桥板。当架设的桥梁逐渐延伸到距离对岸一箭距离之时，舰队应将那些安装有弩炮的战舰以及其他所有安装了弩炮的船只派上前去，扫清对岸敌军。通过这种方法，浮桥便可一段

一段地安全建造，并一直延伸到对岸。我军占领两侧河岸之后，便应开始在桥头，尤其是敌军一侧的桥头周围用木材、砖头或干燥的石材建造箭塔。不过在那之前，我们还应先挖掘好供步兵使用的坚固壕沟，并在其中布置弩炮。只有这样，箭塔才能不受干扰地建造完成。以上所有工作全部完成之后，包括骑兵和行李纵列在内的陆军才能过河。

二十二、建立设防营地

车仗应环绕宿营地停放，在紧急情况下，若地面条件允许，车仗还应被半埋在土地中。在车仗外侧，我军应挖掘一条五尺到六尺宽、七尺到八尺深的壕沟，挖出的泥土则应堆在壕沟内侧。在壕沟以外，我军还应撒上铁蒺藜，并挖掘一些小型的陷阱，在其底部装上削尖的木桩。铁蒺藜和陷阱的位置必须告知全军，以免士兵们误入其中受伤。在营地四周，应开设四个公用的大营门以及一定数量的小门，由驻地距离营门最近的部队指挥官负责保卫其安全。轻步兵的小帐篷应布置在营地内紧邻车仗之处，其内侧留出三百至四百尺的空地，再往里才是其他部队的帐篷。这样一来，敌人从营外向营内射箭时，其箭矢便无法飞至营地中间的士兵那里，而只会落到空地上。营地中应开辟两条以十字形交会于营地中央的宽阔道路。其宽度应为四十或五十尺，道路两侧设置互相间隔较小的成排小型帐篷。各师师长应将营帐设立在手下部队驻扎区域的中央，将军的营帐则不应架设在十字路口的中间而被安置在路口旁的一侧，以免妨碍交通，将军本人也可以避免被身旁路过的士兵所打扰。若骑兵也驻扎在营地内部，则他们应被部署在中央，而不应被部署在边缘地带。

一位护民官越是能干，其部队越应被部署在营门附近，只有这样，才能确保从日落解散号令之后至起床号吹响之前，任何人不会不经将军允许就进出营地。若骑兵驻扎在营地以内，我军应该特别留意夜间巡逻的安排。

各师师长的营帐中应始终有一名传令官执勤，各营的护民官也要各自派遣一名传令官去师长的营帐之中待命，以便加快命令传至全军上下的速度。

号手们应随将军一同行动。夜幕降临时吹响三声军号，以此作为各部队停止作业的信号，之后士兵们便应食用晚饭并咏唱圣歌。将军应派遣手下部分亲兵去视察警卫的情况，确保士兵们在营地中保持安静，就连大声呼喊战友姓名也不允许。保持营地的安静会带来不少好处。举例而言，只有通过这种方式，我们才有可能发现潜伏在营地中的敌军间谍。相反，过多的噪音会带来不少麻烦。应严格禁止士兵在营地中跳舞或者拍手，尤其是在解散号令下达之后。这些行为不仅混乱恼人，还会浪费士兵的精力。军队即将开拔时，应在前一天晚上便将命令下达给各部队。到预定日期黎明之时，吹响三声号角之后，全军便开始出发。各部队依照顺序走出营地，重步兵领先，其后则是车仗。

铁蒺藜的使用十分关键。若地面过于坚硬无法挖掘壕沟，或是宿营时天色已晚来不及挖掘壕沟，我军便应按照合理的方式布置好铁蒺藜，使其能够发挥同壕沟一样的作用，保护好营内的军队。

古时的学者们曾记载过许多种营地和壕沟的形状，但笔者在此只推荐四边形的长方营地，这种营地建造简单，而且容易维持良好秩序。拥有宽广正面或位于高地上的营地，相比位于平地或山坡上的营地，更能使军容显得威武。因此，如果将军想要震慑敌方侦察兵，我们就应选择一片正面开阔的地区来宿营，如果当地还拥有军队所需的给养，那就再好不过了。

我们应选择健康、干净的地点来宿营，不过，除非当地的气候和补给条件能给我军带来优势，否则我们就不应在某处停留太久。不然的话，疾病就有可能在军队中蔓延开来。有一点十分重要的是，由于恶臭会令人不适，士兵们不应在营内排泄，而应到营外去方便。在军队因某些原因必须在某地停留一段时间时，尤其应该注意这一点。

战况危急之时，我军应选择一个有小河流经营地中央的地点来宿营，以方便军队取水。若军队临近一条大河，便应将营地的侧翼倚靠在河岸上，利用河水保护军队侧翼。

骑兵驻扎在营内时，将军应特别留意夜间巡逻的安排情况。

若营地附近有一条宽度较大的河流，骑兵不应选择在营地上游饮马，不然马匹的践踏会导致河水变得浑浊，无法再供其他部队使用。与之相反，骑兵应选择在营地下游饮马。若河流较小，则应使用水桶来饮马。倘若将马匹带到河流旁边，它们只会搅乱河水。

接近敌军之前，我军应尽量避免在河流附近宿营，骑兵部队尤其应注意这一点。若马匹和士兵习惯于每天饮用大量饮水，一旦来到无法方便取水的战场上，他们便会感到无法忍受，导致士气低落。

接近敌军之前，骑兵不应与步兵一起混杂在工事内部宿营，而应留在距离营地不远的外部。这样一来，他们就不必面对营内的拥挤情况，巡逻队也不会在发现敌军间谍时因人数不足而无法发动攻击。不过我们也应提前数日就计算好，在情况要求骑兵必须驻扎在营内之时，他们需要多大的空间，他们的营帐又应该如何布置。接近敌军之后，骑兵应与步兵一同进入营内，驻扎在为他们专门划分好的固定区域内。会战即将到来时，将军应花费一些心思，尽可能将营地设立在易守难攻之处，并准备好可供几天使用的给养。不仅是士兵们所需的食物，可能的话还要为牲畜准备好草料，以供战斗失利后坚守营地时使用。最为重要的是，将军必须特别注意，我军应如何从营地中阻止敌军对于水源的攻击。

若战场位于一块宽广的开阔地区，将军应尽量尝试用河流、湖泊或其他天然障碍物来掩护自己的背面，同时建立一个坚固的营地，并让行李纵列以齐整的秩序伴随作战部队一同行动。若地形复杂崎岖，我军便应将车仗和其他行李留在营地之中，并留下少数车夫作为警卫，同时作战部队则应在营地附近的合适地点排布战线。如果营地附近地形极为崎岖，那么这种复杂地形本身就能够为我军主力部队提供保护，尤其在敌军由骑兵组成时更是如此。在这种地形上，如果车仗仍然伴随军队行动，它们不仅无法为军队提供任何帮助，就连自己的行动也将会陷入极大困难。

对于那些用来拉车的挽牛我们也应加以注意，无论是伴随军队行动时，还是单独停留在某处时，挽牛都不能被敌人发出的噪音，或四处飞落的箭矢吓坏，进而导致纵列发生恐慌，扰乱战线。挽牛应被捆住四蹄，这样即使某些挽牛被箭矢射伤，它们也不会给步兵造成混乱。也正因为如此，挽牛不应被布置在距离步兵太近的位置上。

在我军需要支援某处遭到攻击的阵地，或需要快速占领某地时，由于车仗会拖慢行军速度，使军队无法及时到达目的地，因此应将它们留在某个易守难攻的地方，而由步兵自行带着给养继续前进。此时我们也应做好安排，征用当地的骆驼或者马匹来为步兵驮运行李。宿营时，步兵应以惯常的方式来挖掘壕沟，在四周布置铁蒺藜，并在壕沟以内修建一道环绕营地的围墙或木栅栏。围墙能够提供和车仗一样的保护，同时也不会拖慢行军步伐或带来车仗常有的那些麻烦。

若军队中骑兵的比例很大，步兵数量很少，而将军又决定将行李纵列留在营内，此时我军不应将所有步兵都留在营内。一部分步兵应被安排在营地外执行警戒任务，其余步兵则应排成战斗队形守卫营门和壕沟。这样一来，如果骑兵在单独作战时被敌军击退，这些步兵也可以为其提供掩护，创造反败为胜的机会，或者至少也能保护着骑兵以整齐的秩序进入营地，而不至于被敌军挤压着拥挤在营门处陷入危险。

二十三、关于会战当日，步兵将军应考虑的事情

若敌军骑兵数量众多，超过了我军骑兵，而我军又没有行李纵列伴随，我军就不应该在开阔平整的地形上排布战线与敌军作战，而应选择在崎岖复杂的地形，如沼泽、岩地等不平整或植被茂密的地方作战。

将军应花费一些精力将巡逻队安排妥当，以保护我军后方和侧翼不受敌军攻击。

我军应额外将一部分重步兵部署在车仗的两侧和中央。这样一来，如果敌军计划在我军车仗、步兵战线或骑兵之中制造混乱，这些部队就可以在必要时提供支援。

我们不应投入过多骑兵参与步兵战斗，而应仅限于战线两侧的那部分骑兵。参与步兵战斗的骑兵人数不应超过三千至四千人，再多的话反而会给我军造成危险。这些骑兵必须素质精良，人人都应身着铠甲。时机到来时，他们还承担着攻击敌军撤退部队的任务。

在敌军由骑兵组成，且不愿与我军步兵进行会战时，如果我军骑兵足够强大，而步兵又比较薄弱，则我军就应以三个骑兵师组成正面，步兵战线则以严整秩序跟随在骑兵后方一到二里之处。同时还要向骑兵下令，要他们不得远离步兵超过上述距离。骑兵被敌方击退时，要从步兵战线的两侧退至其后方，而不能迎着步兵的正面撤退，否则只会把步兵战线冲散。

会战当日，将军必须确保步兵战线不需要前进太长距离，从营地开始算起最多不能超过两里，否则步兵便会因盔甲的重量而疲惫不堪。若敌军拖延会战，我军应让步兵坐下休息，等待敌军接近。天气炎热时，还应让他们摘下头盔来透气。在这种情况下，步兵绝不能随身携带葡萄酒，因为酒精只会让他们

更加燥热，思维迟钝。与之相对，我们应在车仗中准备好饮水，需要喝水的士兵则要留在自己的阵位上，由别人将水递给他们。

二十四、护民官/步兵营长需要了解的队列操练命令

传令官应高声喊出如下命令："注意听从命令，不要扰乱战线。目光集中在军旗之上。任何人不得脱离战线，以整齐有序的队形攻击敌军！"士兵在前进时应以冷静沉默的态度稳步前进，并将长矛竖起。他们应熟悉在一声口令或一个手势的命令下，或前进或立定，又或是在"出列"命令下将行列疏开，拆解各行。士兵们应以密集队形稳步前进一段距离。若步兵营正面不够平整，指挥官应下令"拉平正面"。若想要减小或收紧队形纵深和宽度，则应下达"密集队形"的命令。在与敌军接战前，指挥官还应下达"组成龟甲阵"的命令。士兵们平时应使用棍棒或不开刃的刀剑练习一对一白刃搏斗。另外，在军中一人受命高喊"愿主保佑"的时候，其余人都要回应"赞美上帝"。

第二种操练方式：

若要组成双重方阵，指挥官应下令："单数兵站在原地，双数兵出列。"指挥官若想让双数兵从行列右侧出列，还应下达"向右侧出列"的命令；若想要让这些人从左侧出列，则应下达"向左侧出列"的命令。指挥官下达"归队"命令后，出列士兵便应回到各自原有的位置上。若要组成双正面的防御队形，指挥官应下令："面向前后！"指挥官在命令战线调整方向面对左翼或者右翼时，若转向右翼，应下令："转向右翼！"若要转向左侧则下令："转向左翼！"在延长战线宽度时，指挥官若想要向右延伸战线，应下令："向右延展！"若想要向两侧延伸战线，则应下令："向两侧延展！"若想要在步兵各行深度为八排或四排时将阵型纵深加倍，应下令："入列！"若想要让士兵原地转向后方，应下令："原地后转！"

将军应向护民官下发有关这些队列动作的书面规定，师长也必须知晓这些运动的意义和目的。

关于营地的图示

必须注意的是，车仗外侧所画的线条代表壕沟。铁蒺藜在图中以字母"∧"①代表，营地中间的符号代表帐篷。十字形的主路应为五十尺宽，车仗周边则应留有二百尺的空地。铁蒺藜外还应再挖掘一条壕沟，这样一来，驻扎在营地内的士兵或牲畜就不会在不知不觉间被铁蒺藜缠住。

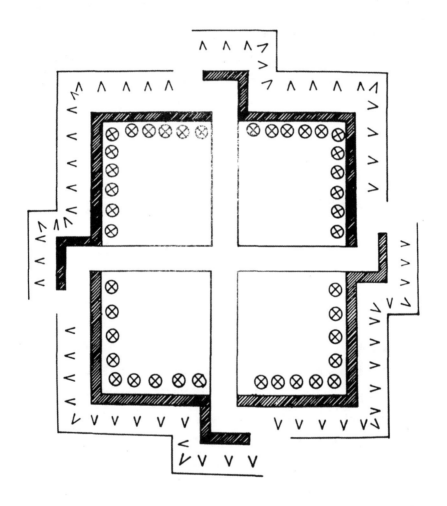

---

① 译注：希腊字母"∧"相当于拉丁字母中的"L"。

狩猎；如何在猎杀野兽时避免重伤或者意外

让士兵花些时间狩猎是极为有益的，狩猎不仅能让他们变得更加机警，让战马有机会得到锻炼，还能让士兵们得到一些军事战术的实战经验。通过在一年中合适而且方便的时间不断练习，使自己熟练掌握各种战术，对士兵而言是十分重要的。在此过程中，那些缺乏经验的士兵也可以很容易地积累经验，必然会出现的错误也可以在不造成伤害的情况下得到纠正。造物主创造了那么多机智、迅猛的野兽，让它们由自己的头领带领着在大地上奔跑。因而我们在攻击这些野兽时，也必须使用某种程度上的战术和战略。

狩猎时的队形纵深不应太大，否则其正面就会太窄，无法覆盖足够空间来有效地包围猎物。但同时队形也不能疏开得太过分散。若士兵间隔过大，猎物就会从空当之间溜走。在平整开阔的地区，狩猎阵线最多只能延伸七里或八里的长度，不能更多。在相对平整但植被茂密的地区，阵线长度还应更短一些。

编组队形时，很重要的一点是，我们虽然可以为骑兵的纵深设置一个上限，但在实际狩猎时还是应以宽松为上，以免士兵们互相碰撞或导致各行混在一起。在每一里的宽度上，最多只能允许排布八百或一千名骑兵。

在狩猎之前一天，应派出少数侦察兵去搜索猎物，同时仔细检查地面情况。各部队指挥官也应向手下士兵们发出相关命令。战线编组完成之后，所有人都应以整齐的秩序安静行进。任何人都不能擅自离开其被指派到的位置，即使遭遇了特别复杂的地形也还是一样。任何人都不能在不应加速行动的情况下催马奔跑，或是在不应射击时拉弓放箭。不过在最终射杀猎物的阶段，第一个接近到弓箭射程之内的人应立刻在不脱离行列的情况下射杀猎物。之后，由一位传令官将已死的猎物交给营长，其余任何人都不得触碰猎物。若因为大意导致猎物逃走，有过失的那位士兵便应受到惩罚。

除带着传令官的师长，以及带着传令官的营长以外，任何人都不得冲到战线前方。师长应沿着属下骑兵师的正面布置数位传令官，以便及时把将军的命令传达给士兵们，或是及时上报侦察兵的报告。营长应负责保持手下骑兵营的正面齐整。

狩猎当天，军队应在第二个时辰之前出营开始行动。士兵们应使用弓箭等轻型武器，那些不擅使用弓箭的人则应携带投枪。部分侦察兵应先行去观察猎物，其余侦察兵负责引导军队前进。接近到距离猎物三至四里之后，军队应在一处地形合适，且四周都有障碍物掩蔽的地方列成战线。我们之所以不能在距离猎物更近的地方排列战线，是因为野兽们的感觉十分灵敏，任何风吹草动都会让它们迅速察觉到士兵的气息，随后便逃之夭夭。军队应分成左、中、右三个部分组成方阵队形，侧卫则位于比战线稍稍靠后，但仍十分接近两翼的位置。如前所述，依据军队的兵力、地形情况以及战线所需覆盖的宽度，各行纵深可以是四排、两排，甚至是一排。侦察兵与主力会合之后，便负责引导战线侧翼的部队，这些部队担负着包抄猎物并将其彻底围住的任务。狩猎开始时，战线应以普通的方阵队形向前推进，接近猎物至视野范围之内后，两翼趋前包抄，使战线形成一个新月形状。之后新月的两个尖角逐渐互相接近，最后会合在一起，将猎物彻底包围在战线之中。

若狩猎时风力较强，上风一侧的部队应在距离猎物较远的地方行动，以免野兽察觉他们身上的气味，在军队完成合围之前便逃之夭夭。若猎物在被合围之前便已经有所警觉，并试图从两翼之间的空当奔逃而去，则我军两翼就应该以纵队加速前进，直到会合为止。只要新月的两个尖角能够交会，封锁住二者之间的空当，猎物就会被赶回到骑兵战线的包围圈内。切断猎物的逃跑路线之后，已经交会的两翼部队应继续前进，右翼位于包围圈内侧，左翼位于外侧。随着两翼不断收紧包围圈，猎物也将被逐渐赶往包围圈中央。在两翼已经围着猎物所在区域绕行四次或更多次数之后，被骑兵团团围住的包围圈周长将被缩小至一到二里。此时猎物已经唾手可得，同时包围圈的直径也足以确保马弓手在射箭时不会伤及友军。

若军中拥有步兵，在按照上述行动封闭包围圈之后，步兵就应该带着盾牌进入包围圈内，并在骑兵前方将盾牌互相连结起来。以免包围圈内的小个野兽利用骑兵之间为避免碰撞留出的空当逃走。若军中没有步兵，那么就应从外圈的骑兵中抽调一部分，让他们依照上述方式列好队形。

在此之后，将军应亲自指派合适的军官或士兵从马背上射杀猎物。除将军指派的那些人外，任何人不得骑马接近猎物。若天色已晚，步兵们就应该举着互相连结的盾牌继续缩小包围圈，直至猎物被围在几乎触手可及的范围之内。

按照上文所述的办法完成所有行动之后，若抓获的猎物具有一定价值，就应将它们平均分配给各营。如此一来，在各营享受辛勤果实的同时，全军的士气也会为之一振。若猎物本身没有什么价值可言，则应用抽签的方式分配。如果侦察兵、间谍出色地完成了自己的任务，他们也应分得一份奖赏。

狩猎时的队形同样也可以在军队进出营地或行军时使用。这种队形不仅适用于我军已经提前仔细侦察过野兽情况时使用，同样也适用于捕杀那些在我军行军时因与我军不期而遇而惊慌逃跑的野兽。狩猎队形与西徐亚人使用的战斗队形十分相似，只是行动速度要更慢一些，战线覆盖宽度也要更大。事实上，第一次练习这种队形的部队，并不应该进行真正的狩猎行动。由于缺乏经验，士兵们必然会犯下一些错误，导致猎物逃跑，而由其带来的劳累和辛苦很可能会导致士兵们认为这种队形根本毫无用处。与之相反，我军应先指派少数骑兵去扮演猎物，这样主力部队便可以用这些人作为参照物判断距离，进而轻松学会如何展开包围机动。

另外还有一种狩猎方法。在我们看来，这种狩猎方法能够更轻松、快速地抓捕猎物，而且只需一小队骑兵即可完成。在侦察兵已经事先找到猎物所在位置的情况下还要更加容易。在狩猎前一天，军队应被分成五个支队，其中一个支队拥有全军三分之一的兵力，位于中央；两个支队分别拥有全军四分之一的兵力，位于两翼；最后两个支队则分别拥有全军十二分之一的兵力，作为侧卫。军队在接近到预定地点之后，侦察兵应作为向导，带领部队在尽可能短的时间内将猎物赶向中央支队，而不能赶向两侧。中央支队应列成方阵队形，组成全军的正面。其侧后方则是左翼支队及其位于左侧后的侧卫，以及右翼支队及其位于右侧后的侧卫。侦察兵此时应来到两翼的顶点，也就是侧卫所在位置，继续承担其向导的职责。此后中央支队以横队停止前进，其余部队则从其两侧平行向猎物推进。在其余各部队冲上前去之后，中央支队也应立刻紧随其后。这一行动的结果便是全军组成了一个与两翼突前、中央稍微拖后的正规战线相似的阵型。当侧翼顶点超越了内侧猎物所在位置，几乎将其包围在中央之后，侧卫部队应加快步伐，以纵队从两侧向内进。此时全军阵型会形成一个四边形，两支侧卫在会合后便能封锁住该四边形的最后一条边。将猎物彻底包围起来之后，四面的各个支队应逐步接近，收紧口袋。两翼支队应沿着侧卫部

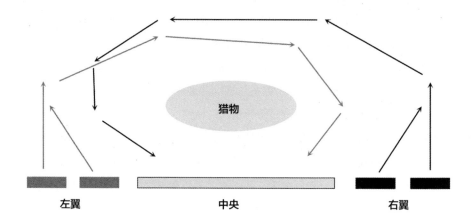

◎ 第一种狩猎方法

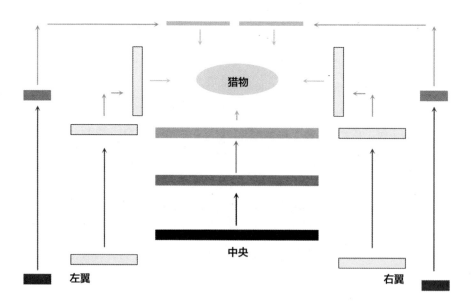

◎ 第二种狩猎方法

队的内侧向内压迫，同时中央支队也应跟着向前压迫。侧卫同时也应以相同方式收紧自己所在的一边。两翼支队则要与他们配合，以免与侧卫脱节，导致猎物从空当中逃跑。包围圈闭合之后，应将猎物赶往一处适于射杀的地方。在此之后，包围圈的两边应停止前进，在原地维持整齐的密集队形。另外两边的部队则应继续收紧队形或加倍纵深，面朝对方所在方向相对行军，直到二者距离缩小到三至四箭为止。此后另外两边开始以相同方式行动，向中央收紧队形。当猎物被限制在这处空间之后，骑兵们便可以用弓箭对其射击。这种队形在军队出营时即可编组完成。如前所述，中央支队在前行军，两翼支队在接近猎物前跟在后方。直到全军来到一处距离猎物三至四里、适于排布战线的地区时，便可展开上述行动了。

此外，还有一种可用更少骑兵进行狩猎的办法，而这种方法也是西徐亚人所乐于使用的。骑兵被分为五人或十人的小队，各小队中应以马弓手居多。这些小队分散开来环绕在猎物所在区域外围，狩猎开始后，各小队尽可能快速地向内推进，同时立刻开始对猎物展开射杀。但是，这种狩猎虽然办法更加刺激，并且还能让士兵得到更多个体性的练习机会，但由于这种骑行对于年轻士兵而言十分危险，还会导致马匹劳损，因而很容易出现差错。

拜占庭帝国皇帝利奥六世亲笔著作

由希腊语直接翻译，详细描写了
同时期拜占庭帝国的战争艺术
是研究东罗马帝国军事思想的重要案头资料

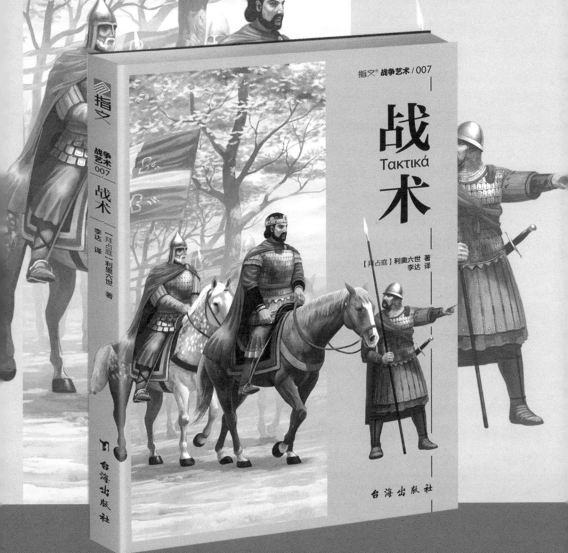

近四百张图片及战时地图、七十多万文字，
展示百年战争中英王亨利五世等一批杰出人物的
功业与光辉事迹，
细致勾勒法兰西王国新君主体系建立的
关键走向与曲折过程

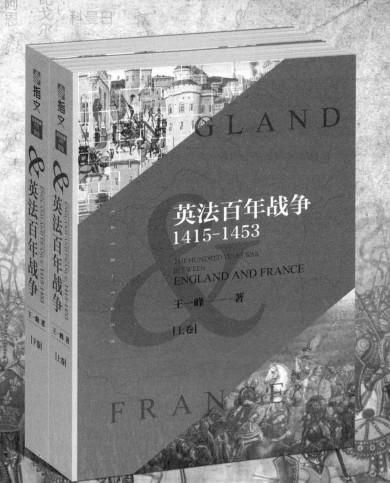

英法百年战争
1415-1453

THE HUNDRED YEARS WAR
BETWEEN
ENGLAND AND FRANCE

王一峰 —— 著

《战争论》英译者莫德上校力作
一战期间欧洲骑兵"密集冲锋"思想的代表作

指文® 战争艺术 / 010

战争艺术 010 骑兵论
周执中 张澍 译

骑兵论

【英】弗雷德里克·纳图施·莫德 著
周执中 张澍 译

台海出版社